WÖLFE

Alan D. Carey

WÖLFE

Verhalten und Lebensweise in faszinierenden Bildern

Text und Bildauswahl von Candace Savage

Vorwort von L. David Mech

Gerstenberg Verlag

CIP-Titelaufnahme der Deutschen Bibliothek

Wölfe / *Verhalten und Lebensweise in faszinierenden Bildern*
Candace Savage. [Aus dem Engl. übers. von Gerald Bosch]. –
Hildesheim : Gerstenberg, 1991
Einheitssacht.: Wolves <dt.>
ISBN 3-8067-2062-2
NE: Savage, Candace; EST

Aus dem Englischen übersetzt von Gerald Bosch
Die Originalausgabe erschien bei Douglas & McIntyre Ltd.,
Vancouver, Kanada, unter dem Titel „Wolves".
Text Copyright © 1988 Candace Savage
Illustrationen Copyright © 1988 bei den im Bildnachweis
angegebenen Autoren
Deutsche Ausgabe Copyright ©1991 Gerstenberg Verlag,
Hildesheim
Alle Rechte vorbehalten, auch die der auszugsweisen
Veröffentlichung, gleich durch welche Medien
ISBN 3-8067-2062-2

Für Arthur, sieben Jahre danach

INHALT

Danksagung 9

Vorwort 11

Der Wolf in Geschichte und Mythos 17

Die Wolfsnatur 53

Wölfe auf der Jagd 107

Literaturhinweise 157

Bildnachweis 159

DANKSAGUNG

Viele Menschen halten das Schreiben von Büchern für ein einsames Geschäft – jemand sitzt unschlüssig vor einem leeren Blatt Papier. Die meisten Bücher entstehen jedoch anders, nämlich in der Zusammenarbeit vieler erfahrener, engagierter Leute, und dieses Buch bildet keine Ausnahme.

Ich möchte vor allem Douglas Heard und Mark Williams von der Abteilung für erneuerbare Ressourcen der Nordwestterritorien in Yellowknife danken, die mich an ihrem Wissen teilhaben ließen und mir ihre Bibliotheken zugänglich machten. Sie nahmen mich auch im Flugzeug mit in die Nordwestterritorien Kanadas. Ohne ihre Hilfe hätte dieses Buch kaum entstehen können.

Dank schulde ich ferner Jane McHughen, Nora Russell und Valerie Alwee, die mir mit unendlicher Geduld bei der Auswahl der Bilder geholfen haben, sowie Terry Wolfe und John Poirier.

Sehr zu Dank verpflichtet bin ich darüber hinaus Richard Clarke, Rob Sanders und Diana Savage für ihre großzügige, nie nachlassende Unterstützung.

Douglas Heard, Mark Williams, David Mech, Marilyn Sacks und Robert Janes haben mein Manuskript gelesen und wertvolle Hinweise beigesteuert. Alle eventuell verbleibenden Fehler oder Unzulänglichkeiten im Text sind allein darauf zurückzuführen, daß die Autorin gute Ratschläge, wenn sie ihr zuteil wurden, nicht umsetzen konnte.

VORWORT

Vor rund dreißig Jahren habe ich mich zum ersten Mal intensiv mit Wölfen befaßt. Bis zum damaligen Zeitpunkt gab es drei oder vier umfassendere Untersuchungen, die sich mit diesen großartigen und faszinierenden Tieren beschäftigten, und die Gefühle der Öffentlichkeit spiegelten den damaligen Mangel an Wissen wider. Ganz gewiß konnte man behaupten, daß Wölfe nicht sonderlich beliebt waren. Außer in den Nationalparks von Minnesota und Isle Royale waren sie im gesamten US-Bundesgebiet (damals noch ohne Hawaii und Alaska) ausgerottet; in Minnesota gab es immer noch Kopfgeld auf Wölfe, und die Wolfsjagd aus dem Flugzeug heraus war sowohl in Alaska wie auch in Kanada eine legale und sehr beliebte „Freizeitbeschäftigung".

Natürlich „wußte" jedes Kind, daß Wölfe eine Gefahr für den Menschen darstellten. Als ich mit 21 Jahren die Universität verließ und unter der Leitung von Durward Allen mit meinen Wolfsstudien auf Isle Royale begann, bestand die Leitung des Nationalparks darauf, daß ich eine Pistole mit mir führte. Und als ich zum ersten Mal aus der Luft beobachtete, wie ein fünfzehnköpfiges Wolfsrudel einen Elch riß, wollte mein Pilot mich nicht begleiten, als ich die Wölfe von dem Terrain vertrieb, um die getötete Beute näher zu inspizieren. Schließlich war er Wolfsjäger, und er mußte schließlich wissen, daß man Wölfen nicht über den Weg trauen konnte. Selbst als ich zehn Jahre später damit begann, den Wölfen im Rahmen meiner Forschungsarbeit Halsbänder mit eingebautem Radiosender anzulegen, erwiesen sich die Angaben des Fallenstellers, der mir beim Fangen der Wölfe half, bezüglich Gewicht und Wildheit der Tiere als ziemlich übertrieben.

Vermutlich wäre in jenen Tagen ein Buch wie dieses nie erschienen, oder es hätte keinen Erfolg gehabt. Aber die Zeiten ändern sich, und manchmal auch zum Besseren. Meine ersten Vorträge über wildlebende Tiere und Pflanzen, mit denen ich mich nach und nach als Naturschützer und Ökologe etablierte, mußte ich zwangsläufig mit der Definition des Begriffs Ökologie beginnen. Heute weiß jeder, was damit gemeint ist. Dieses neue Umweltbewußtsein hat sich auch nachhaltig auf die Wölfe ausgewirkt und den Weg für Bücher wie das vorliegende freigemacht.

1965 wurden in Minnesota die Kopfprämien auf Wölfe abgeschafft. Nach und nach verboten die kanadischen Provinzparlamente die Wolfsjagd aus der Luft und schränkten die Jagdbestimmungen für Wölfe ein. Alaska schloß sich diesen Maßnahmen rasch an; die US-Bundesregierung setzte den Wolf in den übrigen Staaten auf die Liste gefährdeter Arten und beschloß geeignete Schutzmaßnahmen. Und die Wölfe reagierten auf diese Maßnahmen; so besiedelten Wölfe von Minnesota aus das benachbarte Wisconsin, in dem sie bereits ausgerottet gewesen waren. Wölfe aus British Columbia wanderten in den Nordwesten Montanas ein und siedelten sich dort an.

Mittlerweile hat sich die Einstellung der Öffentlichkeit gegenüber Wölfen drastisch verändert. Ohne Zweifel liegt das unter anderem daran, daß manche erbitterten Wolfsgegner nicht mehr unter uns weilen und die nachfolgenden Generationen weniger energisch auf die Verfolgung der Tiere drängen. Dazu kommt noch, daß die vormals eher gleichgültige Öffentlichkeit sich plötzlich für den Wolf zu interessieren beginnt und sich nun bei ihrer Meinungsbildung weniger von persönlichen Vorurteilen als von Fakten über den Wolf leiten läßt; und viele dieser Fakten, die den Wolf wirklichkeitsgetreu darstellen, werden in Büchern wie diesem vermittelt.

Dieser Gesinnungswandel wird auch in einer Meinungsumfrage erkennbar, die Professor Steven Kellert von der Yale-Universität 1985 unter den Bewohnern Minnesotas durchführte. Eine erstaunliche Mehrheit von 72% der Befragten, die in einem „Wolfsgebiet" wohnten, stimmte mit der folgenden Aussage überein: „Persönlich symbolisieren für mich Timber-Wölfe die Schönheit und die Wunder der Natur." Sogar einige Farmer aus Minnesota, deren Vieh gelegentlich von Wölfen gerissen wurde, zeigten gegenüber den Wölfen eine überraschend hohe Toleranz, denn nur 24% stimmten der Aussage zu: „Timber-Wölfe gehören nach Alaska und nicht nach Minnesota."

Ein weiterer Beweis für die geänderte Grundeinstellung gegenüber Wölfen zeigt sich in dem konkreten Versuch, die Schäden bei den Wolfspopulationen, die unsere Vorväter angerichtet haben, zumindest teilweise auszugleichen. So setzte der *US Fish and Wildlife Service* vier Rotwolfpaare in North Carolina aus, und der Versuch einer Wiedereinbürgerung dieses nahen Verwandten des Grauwolfes scheint recht erfolgreich zu sein. Außerdem verstärkte sich in der Öffentlichkeit die Forderung, den Wolf im Yellowstone-Nationalpark wieder einzubürgern, wo man ihn vor fünfzig Jahren ausgerottet hatte. Ein entsprechender Gesetzesvorschlag liegt dem US-Kongreß bereits vor.

Es ist sicher richtig, daß in einigen Teilen Minnesotas, Alaskas und Kanadas immer noch Programme zur Regulierung der Wolfsdichte in Kraft sind. Dies trifft aber nur auf Regionen zu, wo Wölfe sich an Viehbeständen vergreifen oder wo die Wolfspopulationen, wie man meint, in Relation zu den Beutetieren – vor allem, wenn diese auch vom Menschen gejagt werden – zu hoch sind.

Ein weiterer Beweis für die stetig wachsende positive Einstellung der Menschen gegenüber den Wölfen schlägt sich in der Ausstellung „Wölfe und Menschen" nieder, die vom Naturwissenschaftlichen Museum von Minnesota zusammengestellt wurde. Sie wird als Wanderausstellung an verschiedenen größeren Museen der Vereinigten Staaten und Kanadas gezeigt und hält derzeit einen Rekord von mehr als 1,5 Millionen Besuchern. Nach Beendigung dieser Wanderausstellung soll sie der Grundstein eines Internationalen Wolfszentrums werden, das jetzt in Ely, Minnesota, also im Herzen des Wolfsgebietes, geplant ist. Dort soll später auch ein Wolfsrudel in einem Freigehege gehalten werden. Ferner sind Lehrprogramme zum Thema „Wölfe" für Schüler und Erwachsene sowie Vorlesungen, Videos, Filme und Schaukästen vorgesehen. Des weiteren soll ein Bereitstellungsraum eingerichtet werden, von wo aus die Besucher – im Rahmen von Freilandexkursionen – den Wölfen beim Heulen zuhören oder sie aus dem Flugzeug heraus beobachten können.

Das geistige Klima, das den erfrischenden Gesinnungswandel gegenüber Wölfen bewirkt hat, ermöglichte auch Candace Savages Wolfsbuch. Es zeigt einige der besten Wolfsfotos überhaupt, aufgenommen von Fotografen der Weltspitzenklasse, und es wird sicher weiter dazu beitragen, die positive Meinung über den Wolf zu festigen. Ich hoffe und vermute, daß auch Sie, lieber Leser, genau wie 75% der Einwohner des Wolfsgebietes in Minnesota, nach der Lektüre dieses Buches die folgende Aussage befürworten: „Möglicherweise werde ich nie einen Timber-Wolf in freier Wildbahn zu Gesicht bekommen, entscheidend ist jedoch für mich das Bewußtsein, daß es sie dort gibt."

L. David Mech

DER WOLF IN GESCHICHTE UND MYTHOS

Während Sie diese Zeilen lesen, laufen im äußersten Norden Amerikas unzählige Wölfe durch die Wälder und Tundren. Unbeschwert jagen und spielen, fressen und schlafen sie wie schon ihre Vorfahren vor Millionen von Jahren. Tausende von Wölfen leben dort heute noch, und sie sind genauso frei und unbezähmbar wie das riesige Land, in dem sie umherstreifen. Für viele Menschen ist ihr Vorhandensein ein Anzeichen, daß unsere Erde, zumindest mancherorts, noch immer voller Leben steckt.

Vor etwa zwanzig oder dreißig Jahren hätte diese Nachricht noch manchem Zeitgenossen einen Angstschauer über den Rücken gejagt, und vielleicht wäre wieder einmal ein Versuch unternommen worden, den Wolf auszurotten – was ja auch beinahe geglückt wäre.

Der Wolf *(Canis lupus)* war einst das am weitesten verbreitete Landsäugetier der Welt. Auf der Nordhalbkugel war er überall dort anzutreffen, wo er große Säugetiere jagen konnte. Heute ist der Wolf aus dem Großteil seines natürlichen Verbreitungsgebietes mehr oder weniger verschwunden. Von Skandinavien bis Portugal, von Italien über Israel und Iran bis hin nach Nepal, überall findet man heute den gleichen traurigen Tatbestand: nur wenige zerstreute Rudel sind überhaupt übriggeblieben. In ganz Europa zählt man noch etwa 4000 Wölfe, die hauptsächlich in Spanien und Griechenland leben. Außerdem gibt es eine beachtliche Zahl in China und der Sowjetunion.

Niemand weiß genau, wie viele Wölfe es noch auf der Welt gibt. In Kanada, wo die Art aus einem Fünftel ihres ehemaligen Verbreitungsgebiets verschwunden ist, könnten noch etwa vierzig- oder fünfzigtausend vorhanden sein. (Im südlichen Drittel Kanadas und in Neufundland kommen Wölfe nicht vor.) Vermutlich gibt es noch einmal fünf- bis siebentausend Tiere in Alaska. Für den übrigen Kontinent sind Schätzungen leichter, und zwar aus dem einfachen Grund, weil es weniger zu schätzen gibt. Etwa 1200 Wölfe leben im Norden von Minnesota, während es in Wisconsin und Idaho, im oberen Teil von Michigan, im Waldschutzgebiet Flathead sowie in den Nationalparks Isle Royale und Glacier so wenige Wölfe gibt, daß man sie einzeln abzählen kann. Auf der Südhälfte des Kontinents ist der Wolf fast völlig

GESCHICHTE UND MYTHOS

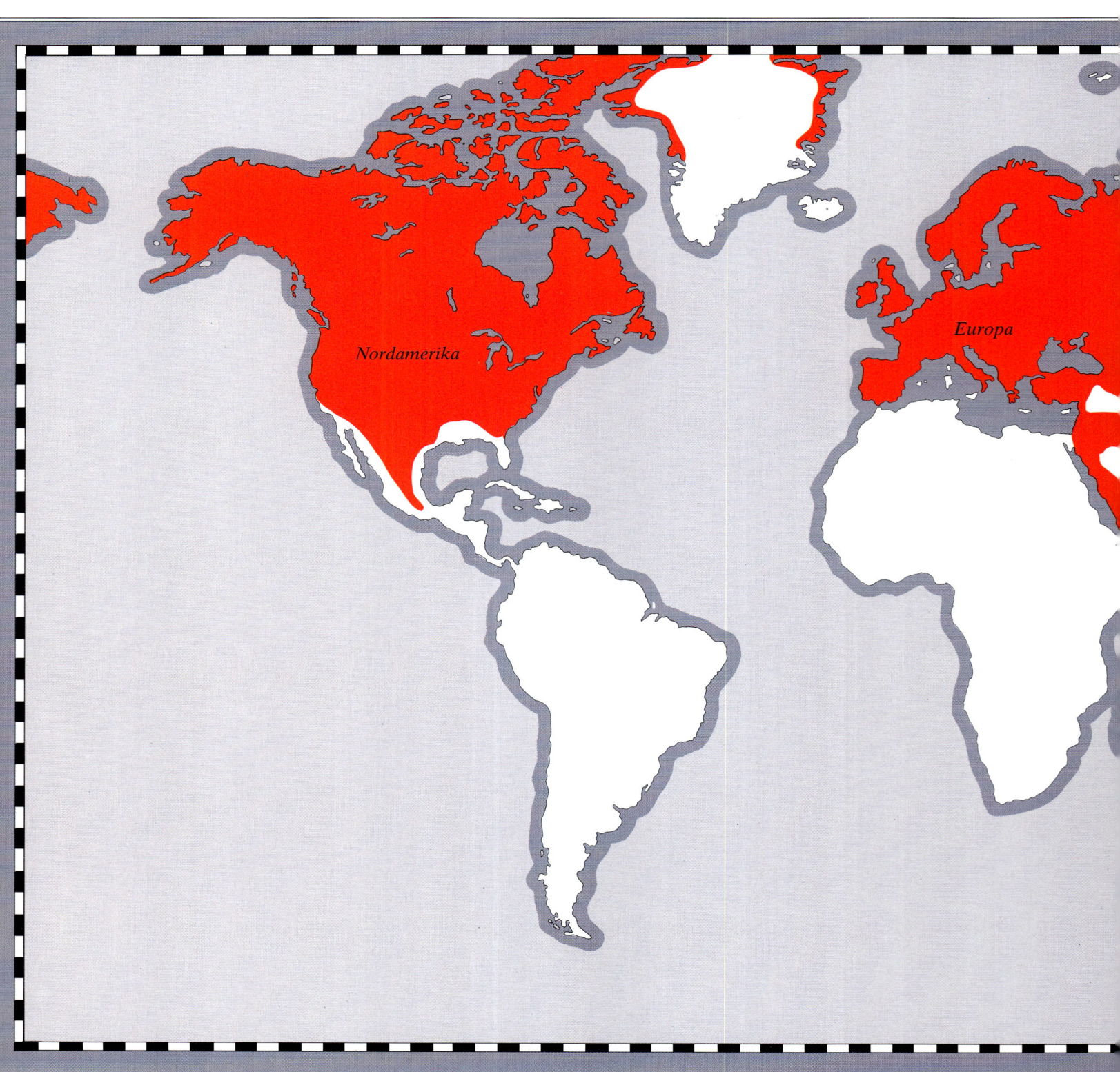

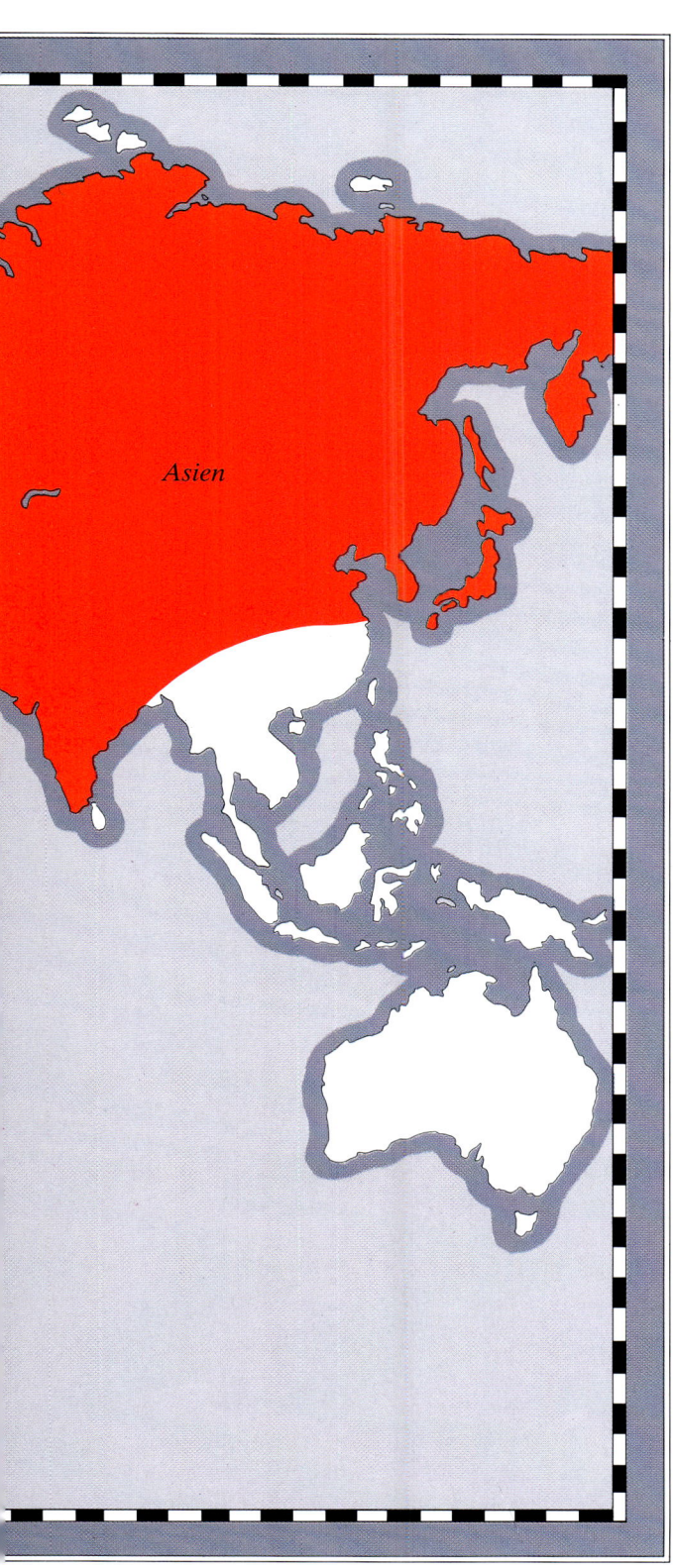

HISTORISCHE GEOGRAPHISCHE VERBREITUNG DES WOLFS

Der Wolf gehörte zu den am weitesten verbreiteten Landsäugetieren der Welt. Die Karte zeigt, daß der Wolf früher durch ganz Europa, Asien und Nordamerika streifte.

(ROT = HISTORISCHES VERBREITUNGS-GEBIET DES WOLFES)

GESCHICHTE UND MYTHOS

verschwunden. Die Verfolgung durch den Menschen war wohl der Hauptgrund, neben dem Verlust seines Lebensraums, und selbst heute noch kommen die meisten Tiere durch Eingriffe des Menschen ums Leben.

Unbewußt existiert aber in unserer Welt noch ein vollkommen anderer Wolf, der tief in der menschlichen Psyche verwurzelt ist. Dieses Wesen taucht als verschlagenes, finsteres Geschöpf, halb Teufel, halb Wolf, immer wieder aus unserem Unterbewußtsein auf. Viel zu lange hat dieses Phantasiegebilde den Menschen vorgaukeln können, der wahre Wolf zu sein, denn eigentlich haben wir immer nur dieses Wesen verfolgt und umgebracht.

Wenn wir nun auf ein gutes Zusammenleben mit den Wölfen hinarbeiten wollen, müssen wir die Gründe für unser Versagen suchen, müssen wir uns fragen, warum wir so lange nichts für sie getan haben oder zumindest den Versuch dazu unternommen haben. Wenn unser Haß auf Fehlern beruht, sollten wir deren Ursprünge ergründen. Außerdem sollten wir herausfinden, warum wir so leidenschaftlich und unerschütterlich an diesen Zerrbildern der Realität festgehalten haben. Denn bevor wir den Wolf verstehen können, wie er wirklich ist, müssen wir erst einmal reinen Tisch mit all unseren Vorurteilen machen.

Die Spuren der Beziehung zwischen Wölfen und Menschen lassen sich unmöglich bis zu ihren Anfängen zurückverfolgen. Jedoch kann man berechtigterweise vermuten, daß sie wenigstens zwei Millionen Jahre zurückliegen. Damals schon lebten die Wölfe fast in der gleichen Weise wie heutzutage, und unsere Vorfahren werden sie häufig beobachtet haben: ein Wolfsrudel, das in typischem „Gänsemarsch" durch die Wälder und Grassteppen läuft, um Hirsche oder Antilopen zu jagen, oder eine Wolfsmutter, die ihre Welpen in die Geborgenheit einer Höhle im sandigen Boden schleppt. Tatsache ist, daß das Leben der damaligen Menschen ähnlich wie bei den Wölfen verlief, denn auch unsere Vorfahren lebten in kleinen Sippenverbänden und ernährten sich von zufällig erlegtem Wild. Es ist auch durchaus denkbar, daß die ersten Jäger und Sammler den Wolf bewunderten und sich bei ihren Ritualen mit seinem Wesen identifizieren wollten. Könnte dies eine Erklärung dafür sein, daß die Künstler der Jungsteinzeit manchmal Bilder von Wölfen an die Wände ihrer Höhlen skizzierten?

Über die Geschichte und die Lebensweise der Ureinwohner Amerikas läßt sich nun dieser faszinierende Gesichtspunkt indirekt untersuchen. Aus den Verhaltens- und Denkmustern von heute lebenden Stammesältesten kann man natürlich keine eindeutigen Rückschlüsse darauf ziehen, wie ihre Vorgänger in der Urzeit gedacht und gehandelt haben. Auch sollte man nicht glauben, im Laufe ihrer Geschichte habe sich die gesamte Menschheit identisch verhalten. Trotzdem erhalten wir durch die Überlieferungen primitiver Kulturen ein Weltbild, das dem unserer Ahnen in grauer Vorzeit nahekommt.

Im kanadischen Museum für Zivilisationsgeschichte in Ottawa kann der Besucher eine kleine Elfenbeinschnitzerei betrachten, die vor langer Zeit von den Tuniit angefertigt wurde, einem Volk, das vor den Inuit im Herzen der Arktis wohnte. Diese schlichte, aufrecht stehende Figur stellt den Körper einer Frau mit einem Wolfskopf dar. Vielleicht liefert sie einen Hinweis auf den heimlichen Wunsch dieser Jäger und Sammler, auch körperlich mit dem Wolf vereint zu sein. Aber der Wolf war nicht nur für die amerikanischen Ureinwohner von besonderer Bedeutung, er findet sich auch in den Mythen einiger früher europäischer Kulturen wieder. Beispielsweise wurde der Wolf bei den Germanen mit dem Tod im Kampf, aber auch mit Untergang und Verderben assoziiert. So wurde der Göttervater Odin, der auch zugleich Kriegs- und Totengott der Germanen war, auf dem Schlachtfeld von den Wölfen Geri und Freki begleitet, während der Wolf Fenrir, ein schreckliches Ungeheuer, den Göttern und Menschen die eiskalte Wolfszeit (d. h. den Weltuntergang) brachte.

Einige hundert Jahren später und wiederum in Nordamerika hielt der amerikanische Maler George Catlin eine Jagdszene der Prärieindianer im Bild fest. In der Vergrößerung sieht man zwei weiße „Wölfe", die sich, mit Pfeil und Bogen bewaffnet, an eine Büffelherde anschleichen. Natürlich sind dies keine richtigen Wölfe, sondern Indianer, die sich in Wolfspelze gehüllt haben, damit die Kraft und Erfahrung ihrer vierfüßigen Bundesgenossen in sie übergehen soll.

Die Pawneeindianer, die ursprünglich in Kansas

und Nebraska wohnten, verwendeten eine Sprache aus bestimmten Handzeichen. Das Zeichen für „Wolf" war U-förmig und wurde mit dem zweiten und dritten Finger der rechten Hand gebildet. Diese wurde neben das rechte Ohr gehalten und nach vorne bewegt. Dasselbe Zeichen bedeutete dann auch „Pawnee".

Ich möchte Ihnen jetzt nicht etwa weismachen, alle unsere frühen Vorfahren hätten sich mit dem Wolf identifizieren wollen oder ihn immer mit Ehrfurcht und Anerkennung behandelt. Trotzdem sind diese Themen sehr häufig in den frühen amerikanischen Kulturen vertreten, gleichgültig, ob diese Stämme im Regen- oder Nadelwald, auf der Tundra oder den weiten Ebenen lebten. Die Sympathie mit den Wölfen beruhte vermutlich auch auf einem gewissen Nutzen, den die Indianer aus den Tieren zogen, da sie die Jagdstrategie von Wolfsrudeln teilweise übernahmen. Der Anthropologe Georg Henriksen schildert in seinem Reisebericht *Hunters on the Barrens*, wie die Naskapi aus Labrador Jagd auf Karibus machen. Dabei zeigt Henriksen recht deutlich, wie ähnlich das Jagdverhalten von Wölfen und Menschen ist:

„... die Jäger entfernen sich rasch vom Lager ... mit schnellen, gleichmäßigen Schritten behalten sie ihr Tempo stundenlang bei. Als die Männer von einem Hügel in ein paar Meilen Entfernung eine Karibuherde ausmachen, beschleunigen sie ihre Gangart ...

Kein Wort fällt. Während die Männer zügig voranschreiten, ja fast schon laufen, nehmen sie Windrichtung, Witterung und jede Einzelheit im Gelände wahr und vergleichen sie mit der Stelle, an der die Karibus grasen. Plötzlich bleibt einer der Jäger stehen und duckt sich, wobei er einen leisen Pfiff ausstößt. Er hat die Herde erblickt. Wortlos verteilen sich die Männer in verschiedene Richtungen. Auch wenn kein Wort über eine gemeinsame Strategie gefallen ist, so hat sich dennoch jeder Jäger einen eigenen Plan für den Angriff auf die Herde ausgedacht. Er registriert jede Bewegung der übrigen Männer und reagiert dementsprechend."

Eine bessere Beschreibung des Jagdverhaltens von Wölfen kann man sich kaum vorstellen.

Über viele Jahrhunderte hinweg war diese starke Gemeinsamkeit zwischen Mensch und Wolf den Ureinwohnern Amerikas nicht nur völlig selbstverständlich, sondern bedeutete ihnen auch weitaus mehr. Einigen Überlieferungen nach dauerte diese Seelenverwandschaft nämlich sogar über den Tod hinaus an, da den Wölfen in der Welt der Geister besonders große Macht zugesprochen wurde. Vielleicht glaubten sie, die Geister der Verstorbenen sprächen durch das Geheul der Wölfe zu

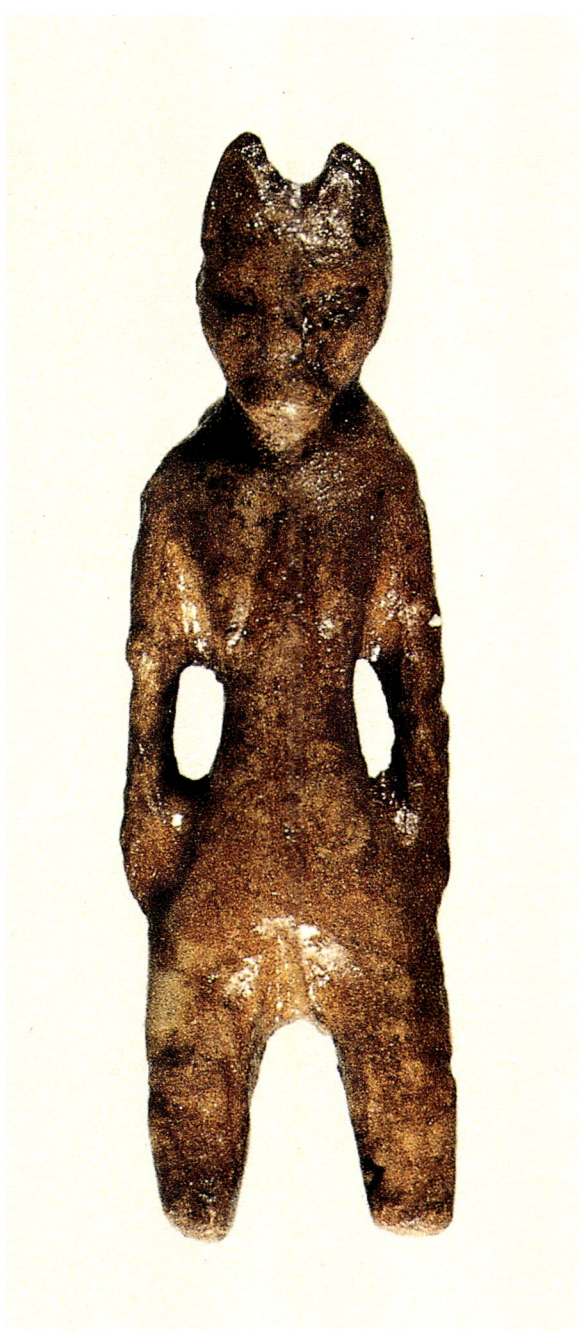

Eine Schnitzerei der Tuniit

GESCHICHTE UND MYTHOS

den Lebenden. In einem Märchen der Cree wird folgendes erzählt: Nach der Sintflut zog ein Wolf mit seinem Maul solange einen Moosballen um das Floß, auf dem die wenigen Überlebenden hockten, bis sich die Erde wieder neu gebildet hatte. Eine andere, allerdings wahre Geschichte berichtet von einem Medizinmann der Crowindianer namens Bird Shirt, der den Krieger Swan's Head mit Hilfe eines starken Wolfszaubers heilte. Swan's Head hatte in einer Schlacht einen Lungendurchschuß erhalten. Bird Shirt hatte sein Gesicht und seinen Körper mit Ton beschmiert und sich in einen Wolfspelz eingehüllt. Er stellte so während seines Tanzes einen Wolf dar. Hier ein Augenzeugenbericht:

„Plötzlich veränderten die Trommeln ihren Rhythmus. Die Schläge wurden gedämpfter und viel schneller. Ich hörte, wie Bird Shirt wie eine Wölfin heulte, die junge Welpen hat, und sah, wie er im Wolfstrab viermal um Swan's Head herumtanzte. Bei jeder Runde schüttelte er mit der Rechten seine Rassel, und jedesmal tauchte er die Nase des Wolfspelzes in ein Gefäß mit Wasser und besprenkelte damit Swan's Heads Kopf. Dabei stieß er dauernd ein Geheul aus, wie eine Wölfin, wenn sie etwas von ihren Welpen verlangt.

Während ich wie die übrigen Umstehenden dem Tanz zusah, erhob sich Swan's Head. Dann sahen wir, daß Bird Shirt sich wie ein Wolf hinhockte, wobei er Swan's Head den Rücken zuwandte, und viermal heulte, genau so oft wie ein Wolf heult, wenn er in Not ist und Hilfe braucht."

Bird Shirt fuhr mit dem Tanz fort, wobei er mal trabte, dann wieder kleine Kreise zog und immer wieder heulte. Währenddessen machte er mit seinem Wolfspelz beschwörende Gesten. Wie man uns dann erzählte, stand Swan's Head auf, ging zu einem Fluß, reckte sich, damit sich das verkrustete Blut aus seinen Wunden lösen konnte, und nahm ein Bad im Fluß. Er war geheilt.

Die Ureinwohner Nordamerikas waren nicht die einzigen Menschen, die übersinnliche Kräfte beschworen, indem sie sich während eines Rituals in Tiere verwandelten. Im 7. Jahrhundert n. Chr. wurde noch auf einem Kirchenkonzil festgelegt, jede Person sei anzuzeigen, die sich einen Tierschädel aufsetze oder sich in ein wildes Tier verwandele. Einige Gelehrte sind der Meinung, der in Europa verbreitete Glaube an Werwölfe (eigentlich Wärwolf = Mannwolf) rühre von solchen Praktiken her. Im Alten Rom wurden bis in historische Zeiten verschiedene Wolfskulte gepflegt. Ein anderer Name für Pluton, den Totengott und Herrn der Unterwelt, war Dis Pater, der häufig mit einem Wolfskopf abgebildet wurde. Die Priester des Dis Pater hatten sich zu einer Bruderschaft zusammengeschlossen, die sich „Wölfe von Soracte" nannte. Sie hielten ihre kultischen Feste auf einem Berg nördlich von Rom ab, dem heutigen Monte Sant'Oreste. Barfuß tanzten sie über brennende Zweige und suchten die Götter zu beschwichtigen, indem sie wie Wölfe heulten und auch so lebten. Ein weiterer bekannter Wolfskult war mit dem Herdengott Faunus Lupercus („der Wolfsabwehrer", von lateinisch *lupus* = Wolf) sowie dem Luperkal, einer heiligen Grotte, verbunden. Diese lag am Nordwesthang des Palatins, und in ihr wurden die Begründer Roms, Romulus und Remus, von einer Wölfin gesäugt. Am 15. Februar eines jeden Jahres wurden die Festspiele dieser Gottheit, die Luperkalien, gefeiert. Mit dem Blut von geopferten Ziegenböcken beschmiert, zogen die Priester, nur mit einem Ziegenfell bekleidet, durch die Stadt. Sie stießen laute Wolfsschreie aus und geißelten jede Frau, die sie sahen, mit geweihten Bocksriemen. Das sollte die Frauen fruchtbar machen.

Mögen uns diese Spiele auch noch so bizarr erscheinen, trotzdem sollten wir uns einmal in Ruhe ihre Bedeutung überlegen. Da werden Raubtier und Tod mit dem Blut eines Ziegenbocks in Verbindung gebracht, und Sexualität mit den wirren Tänzen nackter Priester. Und durch die Kraft von Blut und Nacktheit werden die Teilnehmer des Festes fruchtbar, wird neues Leben geboren. Diese Metamorphose wird erst durch die Vermittlung des Wolfs möglich, des Viehmörders, der dem Schoß der Erde entsprungen ist und nun heulend und tanzend zwischen den Menschen umherspringt. Die Wolfsgestalt der Luperkalien verkörpert daher besonders intensiv Leben und Lebenskraft, als Folge davon aber auch den Tod.

Einige Wissenschaftler glauben, die Wölfin, die Romulus und Remus ernährte und somit als Patin der römischen Zivilisation anzusehen ist, sei die etruskische Göttin Lupa gewesen. Ihrer Ansicht nach gibt diese Geschichte nicht nur die historische Entstehung der Stadt wieder, sondern reflektiert auch die mythischen Vorläufer des patriarchalischen römischen Götterbildes, in dem Jupiter der oberste Gott ist.

Manche Göttin, die den Urtyp der weiblichen Fruchtbarkeit verkörperte oder als Lebensspenderin verehrt wurde, wie etwa Aphrodite und Artemis bei den Griechen oder die keltische Ceridwen, wurde häufig in Gesellschaft von Wölfen und Hunden gesehen. Da die Gottheit selbst Leben und Tod schenkte, galt dies auch für die Tiere in ihrer Begleitung.

George Catlin: Büffeljagd mit der Wolfsfell-Maske, 1832–1833, Öl auf Leinwand

GESCHICHTE UND MYTHOS

Die Wölfe aus der Umgebung der antiken Götter stehen uns zwar sehr lebhaft vor Augen, sie waren aber immer vollkommen unwirkliche Geschöpfe. Nie in ihrem Leben haben sie das kalte Eis eines zugefrorenen Sees unter ihren Pfoten gespürt oder sich gegenseitig mit wedelnden Schwänzen freudig begrüßt. Statt dessen waren sie die Wölfe der Träume und Geschichten, die sich genauso verhalten, wie es in unseren Phantasien ausgemalt wird. Wir Menschen sind wohl von Natur aus von Lerneifer und dem neugierigen Trieb besessen, die ganze Umwelt mit unseren Sinnen erfassen zu wollen. Vermutlich haben wir uns schon immer auf Erfahrungswerte verlassen und werden dies auch in Zukunft tun. Mit der gleichen Ausdauer erzählen wir unsere Mythen, oft jedoch unter dem Zwang, den Geschichten einen tieferen Sinn geben oder dabei unsere Person ins beste Licht rücken zu müssen. Wenn eine Geschichte keine besondere Bedeutung hat, wird halt eine erfunden, und von unserer Phantasie beflügelt, biegen wir die widerspenstigen Tatsachen so lange zurecht, bis sie die Form besitzen, die uns am meisten zusagt. Unsere Erzählungen und Ideen werden zu Reflektoren eines Spiegelkabinetts, die die Welt so wiedergeben, wie wir sie empfinden. Allerdings können wir die Welt nicht aus sich selbst heraus verstehen. Aus diesem Grund kann unser Verständnis auch nur eine Wechselbeziehung sein, eine Beziehung zwischen einer selbst geschaffenen Wirklichkeit voller Vermutungen und Vorurteile und der tatsächlich existierenden Umwelt. Diesen Punkt müssen wir uns in Zukunft vor Augen halten.

Geschichten von Wolfskindern, wie etwa Romulus und Remus, sind offenbar ein typisches Beispiel dafür, daß Sagen auch heute noch lebendig sein können. Ohne Zweifel liegt hier ein altes und sehr ergiebiges Thema vor. Angeblich wurden auch Zarathustra und Siegfried von Wölfinnen großgezogen, und selbst in heutiger Zeit werden derartige Geschichten noch geglaubt. Besonders überzeugend klingt folgende Begebenheit: Der Leiter eines indischen Waisenhauses, Reverend Joseph A. L. Singh, behauptete, im Jahre 1920 bei einem Dorf im Bezirk Midnapore (in der Nähe von Kalkutta) zwei junge Mädchen, denen er später die Namen Amala und Kamala gab, in einem Wolfsbau gefunden zu haben. Nach seinen Worten fand er sie zusammen mit zwei Wolfswelpen eng aneinandergeklammert in der Obhut von drei erwachsenen Wölfen. Die Kinder konnten nicht aufrecht gehen, sie hielten sich mit Vorliebe im Dunkeln auf, aßen vorzugsweise rohes Fleisch, sie bissen und heulten. Aber wurden sie wirklich von Wölfen aufgezogen? Sicherlich kann die Geschichte wahr gewesen sein, und deswegen gingen zwei Wissenschaftler um 1950 auch nach Indien, um den Vorfall genauer zu untersuchen. Allerdings mußten sie mit Enttäuschung feststellen, daß Reverend Singh dafür bekannt war, öfter mal die Unwahrheit zu sagen. Eine plausible Erklärung schlug der Psychologe Bruno Bettelheim vor. Seiner Meinung nach ähnelt das beobachtete Verhalten von Amala, Kamala und anderen sogenannten Wolfskindern fast genau den Symptomen von schwerem Autismus oder Kindheitsschizophrenie. Wenn die beiden Mädchen wirklich verhaltensgestört waren und sie deswegen im Waisenhaus zurückgelassen wurden, mag es nicht weiter verwunderlich sein, daß Reverend Singh aufgrund ihres bedauernswerten Zustands zu einer kleinen Notlüge griff. Immerhin wissen wir, daß Wölfe ein sehr inniges Familienleben führen und häufig mit ihrem Nachwuchs spielen, wie Menschen das ja auch tun. Daher scheint der Gedanke nicht ganz abwegig, Wölfe könnten auch Menschenbabys säugen.

Auch wenn diese Idee noch gerade eben mit den biologischen Tatsachen harmonisiert, paßt sie nicht besonders in das althergebrachte Bild vom Wolf, das in Europa und Nordamerika weit verbreitet war. Irgendwann im Laufe der vergangenen Jahrhunderte wurde die Gestalt des Wolfs, der noch als Beschützer von kleinen Kindern in Betracht kam, durch das Bild eines blutrünstigen Scheusals ersetzt. Die meisten Menschen haben deshalb seit Kindesbeinen wohl immer noch Angst vor dem großen bösen Wolf.

Weiter oben hatten wir bereits vermutet, daß Völker, die von der Jagd leben, also auch unsere Vorfahren, häufig dazu neigten, den Wolf sowohl mit Bewunderung als auch mit Ehrfurcht zu betrachten. Ferner haben wir gesehen, daß sogar bis in die Antike hinein Wölfe in Europa gelegentlich mit wesentlichen Eigenarten des Lebens assoziiert wurden. Besonders populär wurde der Wolf in den Fabeln Äsops, die in der Neuzeit von La

Fontaine aufgegriffen werden. Auch im deutschen Volksmärchen *Reinecke Fuchs* taucht er in der eigentlich gar nicht so unsympathischen Figur des Isegrim wieder auf, der gegenüber dem schlauen Fuchs allerdings immer das Nachsehen hat. Warum ist dann von dieser positiven Sichtweise nur noch die Gestalt des lechzenden Wolfs übriggeblieben, der Rotkäppchen und die Großmutter verschlingt? Was veranlaßte den damaligen Präsidenten der Vereinigten Staaten, Theodore Roosevelt, den Wolf mit der Bezeichnung „verschwenderische und zerstörerische Bestie" schlechtzumachen und lautstark seine Ausrottung zu fordern? Wieso verabschiedete ein kanadisches Provinzparlament als eines der ersten Gesetze einen Erlaß zur Finanzierung von Wolfsabschußprämien?

Wohlgemerkt, es geht hier nicht um den gezielten, überwachten Abschuß einzelner Wölfe, sondern um den jahrhundertelangen blinden Haß, mit dem der Mensch den Wolf verfolgte und der praktisch zu dessen vollständiger Ausrottung in Europa, den Vereinigten Staaten und im besiedelten Teil Kanadas führte.

Eine Ursache für diese leidenschaftliche Verfolgung war sicherlich der Schaden in der Landwirtschaft. Wölfe sind hochspezialisierte Raubtiere, die in freier Wildbahn hauptsächlich große Huftiere wie Elch, Hirsch, Moschusochse und Karibu reißen. Wo sich ihnen aber die Gelegenheit bietet, fallen sie natürlich auch Schafe, Ziegen und Rinder an. Bezeichnenderweise besaß der bereits erwähnte Wolfsgegner Roosevelt eine Ranch im amerikanischen Grenzgebiet. Seit den frühen Tagen der Landwirtschaft haben Wölfe Hausvieh gerissen und dadurch dem Menschen geschadet, und seit dieser Zeit werden sie auch ständig verfolgt. Dem Bericht eines griechischen Schriftstellers aus dem 2. Jahrhundert v. Chr. zufolge wird die Verwendung vergifteter Wolfsköder auf den Gott Apoll zurückgeführt – dies ist nicht weiter verwunderlich, da Apoll unter anderem auch Schutzpatron der Viehherden war. Seit der Mensch seine erste Herde hütete, wurde der Wolf automatisch zum Hauptfeind abgestempelt.

Das Ausmaß der Gemetzel, die Wolfsrudel in Pferchen und Ställen anrichteten, und die damit verbundene Ohnmacht gegenüber diesen Raubtieren mögen viel dazu beigetragen haben, den Wolf zu verteufeln. Daran haben sicherlich auch die Furcht vor dem Wolf sowie ein gewisser Nervenkitzel, der auf selbst eingejagter Angst beruht, ihren Anteil. Einige Experten wie David Mech und der verstorbene Douglas Pimlott meinen, ein „gesunder nordamerikanischer Wolf" stelle kein Risiko für den Menschen dar. Man achte auf die feinen Untertöne, denn im Gegensatz zu einem „gesunden" Tier können tollwütige Wölfe durchaus gefährlich werden, und die Unbedenklichkeitserklärung für „nordamerikanische" Tiere beruht auf dem Volksglauben, in Europa und Asien seien Wölfe wesentlich angriffslustiger als ihre Artgenossen in der Neuen Welt. Nach Berichten des finnischen Biologen Erkki Pulliainen wurden etwa in den letzten zwanzig bis dreißig Jahren mehrere Menschen in Finnland und der Sowjetunion Opfer von Wölfen. Erstaunlicherweise ist in Nordamerika während des gleichen Zeitraums keine einzige Person durch Wölfe ums Leben gekommen. Bei den wenigen tatsächlich vorgekommenen Auseinandersetzungen waren immer die Wölfe die unglücklichen Verlierer, die mit ihrem Leben bezahlen mußten, Menschen kamen jedoch nie zu Schaden.

Zehn Jahre lang wurden in den Nordwestterritorien Kanadas Wölfe und Karibus wissenschaftlich mit Hilfe von Radiosendern untersucht, die in Halsbänder eingebaut waren. Bei dieser Studie wurden die Biologen in der ganzen Zeit nur zweimal von Wölfen angegriffen. Einmal war das betreffende Tier an Tollwut erkrankt, im zweiten Fall hatten die Wölfe ein Karibu verfolgt, das gerade von den Wissenschaftlern untersucht wurde. In beiden Fällen kamen die Beteiligten mit dem Schrecken davon.

In der Nähe meines Wohnortes Yellowknife, aber auch in zahlreichen anderen Gemeinden Nordkanadas, findet man immer wieder Wölfe, die von Abfällen leben. Diese Tiere sind extrem wachsam und menschenscheu. Trotzdem werden die Kinder der Schule, in die auch meine Tochter geht, gelegentlich vor einem Wolf gewarnt, der in der Stadt gesichtet wurde. Die wenigsten Leute machen sich bewußt, daß diese Tiere schon immer hier waren; kam es tatsächlich mal zu Bißwunden oder gar zu Schlimmerem, waren meist verwilderte Hunde die Übeltäter.

Zum Abschluß möchte ich Ihnen noch einen Vor-

GESCHICHTE UND MYTHOS

fall erzählen, der besonders erstaunlich ist. Mitte der fünfziger Jahre fing der Forscher D. F. Parmelee zusammen mit einem Kollegen zwei Wolfswelpen auf Ellesmere Island. Anschließend schossen sie noch ein paar Schneehühner und kehrten mit den Welpen unter dem Arm wieder zum Lager zurück; die Vögel hatten sie sich über die Schulter geworfen. Plötzlich bemerkten sie hinter sich eine Bewegung. Es war die Wölfin, deren Junge sie geraubt hatten, die mit der Nase gegen die hin und her baumelnden Schneehühner stupste. Parmelee schrieb später: „So unglaublich es auch scheinen mag, wir mußten die Wölfin doch tatsächlich mehrmals mit Schneebällen davonjagen, aus Angst, die Schneehühner zu verlieren!" Die Wölfin verbrachte die folgende Nacht in der Nähe von Parmelees Zelt, ohne sich an den Männern oder ihrer Ausrüstung zu vergreifen.

In dieser Episode wird die wahre Natur der Wölfe deutlich. Normalerweise verhalten sie sich gegen den Menschen nicht aggressiv, sondern eher neugierig oder furchtsam. Welchen Sinn geben dann aber solche Geschichten wie die über die Bestien von Gévaudan, zwei berüchtigte Tiere, die von 1764 bis 1767 im Süden von Zentralfrankreich 168 Menschen, hauptsächlich kleine Kinder, umgebracht haben? Was fangen wir mit einer hundert Jahre alten wissenschaftlichen Monographie an, in der behauptet wird, allein im Jahre 1875 seien in Rußland 161 Menschen von Wölfen zerrissen worden? Oder was ist mit der Meldung einer renommierten nordamerikanischen Zeitung, im Nordwesten der Türkei sei 1968 während eines Schneesturms zwei Dorfbewohnern das gleiche Schicksal widerfahren? Einige dieser Greuelgeschichten beruhen zum Teil wirklich auf Tatsachen. Sorgfältige Recherchen ergaben, daß die Bestien von Gévaudan sehr wahrscheinlich ein Rudel Bastarde aus Wolf und Hund waren, die die Aufmerksamkeit und Kraft eines Wolfs besaßen und vom Hund die Vertrautheit mit dem Menschen geerbt hatten. Da die Menschen der damaligen Zeit natürlich davon überzeugt waren, daß Wölfe in jedem Fall Monster seien, bliesen sie zum Angriff auf die gesamte Art.

Unser falsches Bild von den Wölfen ist daher wohl in erster Linie für Berichte verantwortlich, in denen Menschen von Wolfsrudeln angegriffen werden. Diese Geschichten beruhen meist weniger auf den eigentlichen biologischen Tatsachen, als vielmehr auf einer Einstellung, die vom europäischen Christentum im Laufe vieler wechselhafter Jahrhunderte geprägt wurde. Wölfe sprechen den Bereich der Mythen im menschlichen Verstand an, und häufig stellen sie für uns die Geheimnisse des Lebens dar: die lebensspendenden Kräfte der Erde und der Menschen, also auch die Sexualität. Nicht von ungefähr bedeutet das lateinische Wort „lupa" sowohl „Wölfin" als auch „Hure", hat das englische Wort „wolf" die Nebenbedeutung „Schürzenjäger", und wenn ein französisches Mädchen zum ersten Mal mit einem Mann geschlafen hat, sagen ihre Landsleute hinterher: „*Elle a vu le loup. (Sie hat den Wolf gesehen.)*" Und auch im deutschen Volksmärchen vom Rotkäppchen ist nach Ansicht mancher Psychologen der Wolf eher ein Mädchenverführer als ein Menschenfresser. Die Kirchen, insbesondere die katholische, standen jedoch jahrhundertelang mit der menschlichen Sexualität auf Kriegsfuß; sie setzten „weltlich Ding und Fleischeslust" mit dem Teufel gleich und betrachteten sie als die größte Gefahr für die Menschheit. Da verwundert es kaum, daß auch die Überbleibsel heidnischer Religionen, die noch Naturkulte und Wolfszauber betrieben, unbarmherzig verfolgt wurden.

Deshalb ist es auch nicht weiter erstaunlich, wenn wir erfahren, schon lange vor der Einführung der Inquisition sei der Wolf mit dem Satan gleichgesetzt worden. Aus dieser Zeit stammt das Bild vom Wolf, der unter der Schafherde Christi wütet, eine Gestalt, die Barry Lopez in *Of Wolves and Men* malerisch beschreibt: „Schon immer war der Wolf von Mythen umwoben, und eine Vielzahl illustrer Gesichter wurde ihm angedichtet. Er war nicht nur der Leibhaftige mit flammendroter Zunge und gelben Schlitzaugen, dem der Schwefel nur so aus den Nüstern dampfte, nein, er war auch der menschenzerfleischende Werwolf. Auf ihn projizierten die Menschen so lange ihre eigene Lust, Gier und Gewalt, bis er allgemein als Verkörperung dieser Eigenschaften galt." Daher mußten alle Wölfe umgebracht werden, am besten möglichst schmerzhaft, damit die Welt von diesem Übel befreit wurde. Aber auch Werwölfe und Hexen wurden zu Abertausenden grausam gefoltert, bis sie ihre Lykanthropie, d.h. die Verwandlung in Wolfsgestalt, und die damit verbundenen blutigen Sexualmorde gestanden. Anschließend verurteilte man sie zum Tod auf dem Scheiterhaufen. Weshalb genau diese Menschen nun umgebracht wurden, ist nach Lopez' Worten „eine Frage, die schmerzhaft an die menschliche Seele rührt".

Das gleiche könnte man eigentlich auch für die abgeschlachteten Wölfe gelten lassen.

Als die Europäer im 18. Jahrhundert in großer Zahl in Nordamerika landeten, standen ihre Ideen noch völlig unter dem Einfluß der mittelalterlichen Darstellung von Hexen und Wölfen. Hinzu kam eine neue Begleiterscheinung, denn der Überlebenskampf der Siedler gegen die Wildnis war nicht nur allgegenwärtig, sondern bot auch Stoff für neue Mythen. Die Siedler waren mit dem unbeirrbaren Gedanken gekommen, aus dem wüsten Land ein Paradies zu machen, und für Raubtiere gab es in diesem neuen Garten Eden keinen Platz.

Auf beiden amerikanischen Kontinenten wurden Wölfe vehement verfolgt und zu Abertausenden umgebracht. In Nordamerika wurden sie von Ranchern, Kopfgeldjägern und professionellen Wolfsjägern in Fallen gefangen oder vergiftet. Man erschoß sie vom Flugzeug aus oder knallte sie am Boden ab. Im amerikanischen Wilden Westen wurden die letzten Überlebenden jeder Region zu Gesetzlosen erklärt und erhielten oft auch so illustre Ganovennamen wie „Three Toes", „Mountain Billy" oder „Custer Wolf". Allein 150 Männer versuchten, „Three Toes" abzuschießen und die dafür ausgesetzte Prämie, eine goldene Taschenuhr, zu kassieren. Die ganze Aktion muß wohl ziemlich aufregend gewesen sein.

Wir können uns nicht von diesen unsäglichen Taten distanzieren, indem wir die Leute verdammen, die sie begangen haben. Die meisten handelten bestimmt nicht in böser Absicht, und viele Wolfsjäger waren Staatsbeauftragte, die von einer demokratisch gewählten Regierung angestellt waren, um den Willen der Öffentlichkeit in die Tat umzusetzen. Und diese war nun fast einstimmig der Meinung, die Wölfe müßten aus dem Land verschwinden. Der Direktor des Algonquin Parks schrieb 1909 einen Zeitungsartikel mit der Überschrift „Wie können wir den Wolf ausrotten?" Offenbar war die Vernichtung des Wolfes damals auch für einen Naturschützer eine Selbstverständlichkeit, sonst hätte er für seine Überschrift statt „Wie können wir ...?" vermutlich die Formulierung „Dürfen wir überhaupt ...?" gewählt. Als man in den frühen sechziger Jahren die Wölfe in diesem Park eingehend untersuchte, wurde diese Studie mit der entschiedenen Bemühung abgeschlossen, die Wolfskadaver aus dem Untersuchungsgelände zu entfernen.

Das alles ist zwar erst vor dreißig Jahren passiert, heutzutage wäre aber eine solche Vorgehensweise nahezu undenkbar. Der Wechsel kam jedoch so abrupt und mit solcher Wucht, daß man fast schon an ein Wunder glauben möchte. Die chaotische und manchmal etwas ausgeflippte Experimentierfreudigkeit der sechziger Jahre, die uns freie Liebe, sexuelle Revolution und das Motto „Zurück zur Natur" bescherte, hat sicherlich auch einen neuen geistigen Nährboden geschaffen, aber erst Hiroshima, Rachel Carsons Buch *Der stumme Frühling* über die verheerende Wirkung von DDT und die Ökologie als neue Wissenschaft haben einen allgemeinen Gesinnungswandel bewirkt. Auf diese Weise verwandelte sich der Wolf, der vor einigen Jahren noch das Böse in der Natur und im Menschen verkörperte, sozusagen über Nacht in ein Symbol der wiedergeborenen, unberührten Natur.

Der amerikanische Schriftsteller Henry Thoreau meinte einmal: „Im wilden Zustand liegt die Rettung der Welt." Viele von uns hoffen nun mit der Inbrunst derjenigen, deren Schicksal auf dem Spiel steht, er möge doch Recht behalten.

Ein Schwachpunkt in unserer jüngsten Begeisterung für den Wolf liegt jetzt in der Gefahr, zu leicht einem neuen Mythos zu verfallen, in dem das Tier völlig verklärt und einige Zeitgenossen gleichermaßen verteufelt werden. Letzten Endes profitiert niemand von diesen Phantastereien, so zufriedenstellend sie zunächst auch sein mögen. Wir können nicht unser ganzes Leben in der Kulisse eines Walt-Disney-Films verbringen, in dem alle Wölfe liebe kleine Welpen sind, die nur ab und zu mal eine Maus verzehren, und wo jede Person, die ein Tier umbringt, zwangsläufig ein zwielichtiger Geselle ist. Die Realität, so wie wir sie augenblicklich sehen, ist nicht nur weitaus interessanter als dieses Klischeebild, sondern stellt uns auch vor noch weit größere Herausforderungen.

GESCHICHTE UND MYTHOS

28

DIE GEOGRAPHISCHE VERBREITUNG DES WOLFS IN DER GEGENWART

Obwohl der Wolf früher das größte natürliche Verbreitungsgebiet aller lebenden Säuger – mit Ausnahme des Menschen – hatte, ist er dort heute fast überall verschwunden. Wie man der Karte entnehmen kann, befinden sich größere zusammenhängende Wolfsgebiete nur noch in weiten Teilen der Sowjetunion sowie im Norden Nordamerikas und Chinas, während einige kleinere Areale auf dem Balkan und der Iberischen Halbinsel, im nördlichen Mittelamerika, in Indien sowie im Nahen und Mittleren Osten besiedelt sind.

(ROT = HEUTIGES VERBREITUNGS-
GEBIET DES WOLFES)

Waren Wölfe einst auf der gesamten nördlichen Halbkugel vertreten, so leben sie heute noch gebietsweise in der Wildnis Nordamerikas und des nördlichen eurasischen Kontinents.

Im Hohen Norden der Arktis stößt man häufig auf weiße Wölfe.

Auch wenn wir den Wolf manchmal als Timberwolf, Tundrawolf oder Grauen Wolf bezeichnen, soll das nicht über die Tatsache hinwegtäuschen, daß alle Wölfe dieser Welt zur gleichen Art, Canis lupus, *gehören. Graue und schwarze Welpen können durchaus im selben Wurf vorkommen.*

Selbst in der Ruhe achtet dieser Wolf aufmerksam auf alles, was sich in seiner Umgebung abspielt.

Am Wolf scheiden sich die Geister: deutlicher als an jeder anderen Tierart offenbart sich an ihm unser gespaltenes Verhältnis zur Natur und zu uns selbst.

Unter den hundeartigen Raubtieren beeindrucken vor allem die Wölfe mit ihrer Stärke und Eleganz.

Die Ergebnisse der modernen Wissenschaft erinnern an etwas, das unsere jagenden Vorfahren sicherlich schon wußten: Wölfe und Menschen sind einander in vielen wesentlichen Eigenschaften sehr ähnlich.

GESCHICHTE UND MYTHOS

Oben: Der besonders auffällige Mexikanische Wolf ist in freier Wildbahn so gut wie ausgestorben.

Rechts: Der in Louisiana und Texas lebende Rotwolf steht ebenfalls kurz vor dem Aussterben.

Zwei Mexikanische Wölfe trager eine Meinungsverschiedenheit aus. Solche Auseinandersetzungen unterliegen festen Spielregeln.

Der Verlust von Hausvieh und Jagdwild durch räuberische Wölfe diente oft als Rechtfertigung dafür, den Wolf zu jagen und zu töten. Wirtschaftliche Überlegungen können aber nicht allein für eine derart brutale Verfolgung des Wolfes in den letzten hundert Jahren ausschlaggebend gewesen sein.

Mit geschlossenen Augen und erhobener Schnauze verkündet dieser heulende Wolf aller Welt, daß es ihn noch gibt.

Jahrhundertelang rückte der Mensch dem Wolf systematisch mit Gift, Fallgruben, Netzen, Angeln, Schlingen und Schußwaffen zu Leibe. Häufig wurden die Tiere für „Untaten" bestraft, die sie gar nicht begangen hatten. Sicherlich nicht sehr begeistert von seinem „Gefangenendasein" hat dieser Wolf noch einmal Glück gehabt, da er nach einigen wissenschaftlichen Untersuchungen wieder auf freien Fuß gesetzt wird.

In freier Natur kann ein Wolf oft acht oder neun Jahre alt werden, einige Tiere erreichen sogar ein Alter von 13 oder 14 Jahren. Die meisten Tiere werden allerdings von Menschen getötet. In der Abbildung oben ist ein Wolf in der Blüte seiner Jahre zu sehen; das Innenfoto zeigt einen gebleichten Wolfsschädel.

DIE WOLFSNATUR

Neugierig, wie es nun mal der Menschen Art ist, möchten wir alles Mögliche über den Wolf erfahren: Wie groß wird ein Wolf? Wie schnell kann er laufen? Wie viele Junge kann eine Wölfin bekommen? Stimmt es, daß Wölfe sich über weite Entfernungen hinweg verständigen können? Weiter möchten wir wissen, wie das Familienleben eines Wolfsrudels abläuft, wie ein Rudel jagt oder wie das Verhältnis der Wölfe zu ihren Beutetieren aussieht.

Vielleicht wird es Sie überraschen, aber am besten beginnen wir unsere Forschungsreise im Maul eines Wolfes. Wölfe besitzen 42 Zähne, die genau wie das menschliche Gebiß in Schneidezähne, Eckzähne, Vormahlzähne (Prämolaren) und Backen- oder Mahlzähne (Molaren) unterteilt werden. Von drei Punkten, die bei diesem Waffenarsenal besonders auffallen, ist zunächst einmal die bloße Anzahl der Zähne zu nennen. Unter dem Zwang, sie alle unterzubringen und möglichst wirksam einzusetzen, ist vermutlich die typische längliche Schnauzenform der Tiere entstanden. Zum zweiten fallen die vier spitzen, dolchartigen Eckzähne auf, die sich oben und unten im vorderen Teil des Kiefers befinden – gut zu sehen in dem Schädel, der auf Seite 50 abgebildet ist. Bei einer Länge von ungefähr fünf Zentimetern haben sie etwa die gleiche Funktion wie die Fänge eines Greifvogels. Ein Wolf kann damit selbst die dicke, mit dichtem Filz bedeckte Haut eines Moschusochsen zerreißen oder sich in der langgezogenen Nase eines Elches verbeißen, so heftig ihn sein Opfer auch durch die Gegend schleudert und abzuschütteln versucht.

Das dritte auffällige Kennzeichen sind die großen Backenzähne im hinteren Mundraum, die Reißzähne. Besonders dieses spezialisierte Schneidegebiß ermöglichte den heutigen Raubtieren zu überleben. Wer genug Mut besitzt und sich persönlich an lebenden Tieren davon überzeugen möchte, der könnte den gleichen Gebißtyp auch bei Bären, Wieseln, Pumas und den übrigen Vertretern der mehr als zweihundert Arten zählenden Säugetierordnung Carnivora (Fleischfresser) finden, zu der auch der Wolf gehört.

Die gleichen zweiundvierzig Zähne finden Sie im Maul eines Haushundes wieder; ihre Form ist allerdings gering-

DIE WOLFSNATUR

fügig abgewandelt. Dieses ähnliche Gebiß weist auf den engen Verwandschaftsgrad von Hunden und Wölfen hin. Obwohl darüber heute noch kontrovers diskutiert wird, sind sich die Experten zumindest in dem Punkt einig, daß alle Hunderassen, vom Chihuahua bis zum Dobermann, von Wölfen abstammen, die vor etwa zehn- bis zwölftausend Jahren im Vorderen Orient gezähmt wurden. Andere Fachleute vermuten, Wölfe seien nicht nur zu jenem Zeitpunkt, sondern auch zu anderer Zeit und an anderen Stellen domestiziert worden. Allerdings vertritt niemand mehr ernsthaft den Standpunkt, Arten wie Kojote, Hyäne, Fuchs oder noch andere Wildhunde kämen in erster Linie als Vorfahren des Haushundes in Betracht. Vielleicht sollte noch erwähnt werden, daß sich in Nordamerika gelegentlich Kojoten, Hunde und Wölfe untereinander paaren und Bastarde wie Wolf-Kojote, Hund-Kojote und Wolf-Hund zeugen. Deshalb ist es gut möglich, daß etwas Kojotenblut in den Adern des Haushundes fließt.

Warum wurde ausgerechnet der Wolf dazu auserwählt, das erste Haustier und „der beste Freund des Menschen" zu werden? Zur Beantwortung dieser Frage müssen wir uns die Unterschiede zwischen Wölfen und den anderen Mitgliedern der Hundefamilie klarmachen.

Zum einen nehmen Wölfe den ersten Platz in bezug auf die Größe ein. Er ist zwar nicht so groß, wie im Märchen erzählt wird, aber ein Wolfsrüde wiegt doch durchschnittlich immerhin etwa 40 Kilogramm, eine Wölfin ist um fast fünf Kilogramm leichter. Von der Schnauzenspitze bis zum Schwanzende gemessen, erreichen die Tiere etwa die Größe eines erwachsenen Menschen bei einer Schulterhöhe von rund 75 Zentimetern. Diese Größe und Kraft machte sich der Mensch zum Verbündeten, indem er den Wolf zähmte.

Als unsere Vorfahren noch in erster Linie Jäger waren, nutzten sie bei der Jagd vor allem die enorme Schnelligkeit des Wolfes aus. Von der Natur wurde der Wolf nämlich mit zwei Vorzügen bedacht: zum einen besitzt er die typische, langbeinige Statur eines Läufers, zum anderen sind Wölfe wie viele andere Wildhunde im Laufe der Evolution dazu übergegangen, auf den Zehenspitzen zu laufen. Sie können so noch besser sprinten. Einen ganz charakteristischen Bau zeigen jedoch die nahe beieinanderliegenden Vorderläufe, die den Eindruck erwecken, als seien sie in den ohnehin schmalen Brustkorb hineingequetscht worden. Aufgrund weiterer anatomischer Besonderheiten – nach innen gerichtete Kniegelenke und nach außen gestellte Pfoten – können die Beine optimal schwingen und eine schmale Spur setzen, in die sich dann die Hinterläufe exakt einfügen. Beim Laufen hinterlassen Wölfe daher saubere, schmale Trampelpfade, was ihnen offenbar die Fortbewegung in Tiefschnee oder widrigem Gelände erleichtert. Aufgrund dieses körperlichen Vorteils kann ein Wolf notfalls eine Geschwindigkeit von 60 bis 70 Stundenkilometern erreichen.

Die interessanteste Eigenschaft des Wolfs wird für den ersten Hundebesitzer vermutlich darin bestanden haben, daß er sich gut mit ihm verständigen konnte. Das ist ja auch heute noch bei der Anschaffung eines Hundes entscheidend. Wölfe sind, mehr noch als andere Wildhundarten, sehr gesellige Tiere. Zwar gibt es ausnahmsweise immer auch „einsame Wölfe", normalerweise jedoch lebt ein Wolf in einem kleinen Familienverband, dem Rudel, das aus Vater, Mutter, Onkeln, Tanten und Geschwistern besteht. Wie für zahlreiche andere wölfische Eigenarten gibt es auch für die Rudelgröße keine feste Norm; sie schwankt stark. Recht häufig sind einzelne Paare, andererseits hat man in Alaska ein aus 36 Tieren bestehendes Rudel beobachtet. Dies ist jedoch wohl ein Ausnahmefall, denn durchschnittlich findet man maximal sieben Tiere pro Rudel.

Das tragende Element einer Wolfsgemeinschaft ist insbesondere die Liebenswürdigkeit der Tiere. Anfang der vierziger Jahre beobachtete der Biologe Adolph Murie mit unendlicher Geduld zwei Sommer lang die Wölfe im Mount McKinley-Nationalpark. Muries Beobachtungen gehören zu den ersten wissenschaftlichen Untersuchungen wilder Wölfe in Nordamerika. Seine Eindrücke vom Familienleben in einem Rudel schildert er so: „Am nachhaltigsten ist mir während meiner gesamten Beobachtung aufgefallen, wie freundlich die Tiere miteinander umgingen." Und dies trotz all der Störungen, die das Gruppenleben unvermeidlich mit sich bringt: ein Welpe, der auf den Kopf eines Erwachsenen springen will, ein anderer Welpe, der den besten Schlafplatz in Beschlag nimmt, oder ein älterer Wolf, der mehr frißt, als ihm eigentlich zusteht.

Ausschlaggebend für die meist ausgeglichene Atmosphäre innerhalb eines Wolfsrudels ist eine einwandfrei funktionierende Kommunikation zwischen den Tieren. Wölfe verfügen wie Menschen über eine ausdrucksvolle Gesichtsmimik. Daher kann ein Tier durch subtiles Mienenspiel mit Stirn, Mund, Augen und Ohren ganz genau vermitteln, wie es sich fühlt, und seine Artgenossen können entsprechend reagieren.

Nehmen wir beispielsweise einen durch Artgenossen oder ein unvorhergesehenes Ereignis verängstigten oder verunsicherten Wolf. Durch Verbergen der Zähne hinter den Lefzen wird dem Gegenüber signalisiert: „Ich will dich nicht beißen". Die nach hinten gezogenen Mundwinkel verzerren das Gesicht zu einer Art Lächeln, das einem unterwürfigen Grinsen nicht unähnlich ist; die Stirn ist nach hinten geglättet, die Augen sind zu schmalen Schlitzen verengt und die Ohren eng angelegt.

Eine selbstbewußte Drohgebärde sieht genau umgekehrt aus: Die Zähne sind gefletscht, die Mundwinkel nach oben gezogen, Schnauze und Stirn gerunzelt, und die Ohren sind aufgerichtet und zeigen nach vorn. Ist die starke Ähnlichkeit mit unseren menschlichen Gebärden nicht frappierend? Versuchen Sie es doch einmal selbst: setzen Sie eine einschmeichelnde Miene auf, mit der Sie einem Konflikt mit einem stärkeren Gegner zu entgehen suchen. Anschließend machen Sie ein finsteres Gesicht, so als ob Sie gerade jemandem den Kopf abreißen wollten. Mit Ihren Ohren werden Sie dabei wahrscheinlich nicht viel „erzählen" können, Ihre übrige Mimik wird aber stark an die eines Wolfes erinnern.

Ein Mensch kann intuitiv viel leichter die Gemütsbewegungen eines Wolfs oder Hundes verstehen als beispielsweise die eines Hamsters oder Kanarienvogels. Dieser Eindruck wurde auch von dem Fotografen Jim Brandenburg bestätigt, nachdem er einen Sommer lang Wölfe im Herzen der Arktis beobachtet hatte. „Ich habe noch nie Tiere mit so vielen wahrnehmbaren Eigenschaften gesehen", meinte er. Daher scheint es nicht verwunderlich, daß sich unsere Vorfahren vor Tausenden von Jahren unter allen Tieren ausgerechnet den Wolf zum Gefährten wählten.

Während der erste dieser Begleiter des Menschen noch durch und durch Wolf war, unterscheiden sich die heutigen Hunde so stark von ihren Vorfahren, daß viele Wissenschaftler sie als eigene Art betrachten: aus *Canis lupus* wurde *Canis familiaris*. Neben den besonders auffälligen Unterscheidungsmerkmalen, die künstlich bei bestimmten Rassen herausgezüchtet wurden, beipielsweise beim Dackel oder Bernhardiner, findet man aber noch feinere Unterschiede. So haben selbst Hunderassen, die noch starke Ähnlichkeit mit Wölfen aufweisen, im Gegensatz zu diesen meist kleinere Zähne, eine kürzere Schnauze und eine breitere Stirn, wodurch sie ein bißchen „menschenähnlicher" aussehen. Im allgemeinen sind sie auch nicht so intelligent wie ihre wilden Vettern, ein Phänomen, das man häufig bei domestizierten Tieren feststellt. In diesem Zusammenhang könnte man sich sicher fragen, ob diese Regel wohl auch auf den Menschen zutrifft.

Hunde werfen meist zweimal im Jahr Junge, statt nur einmal wie Wölfe, am Schwanz fehlen ihnen die Drüsen zur Geruchsmarkierung, und ihre Schädel sind anders geformt. Nach unseren menschlichen Vorstellungen haben Hundepfoten genau die richtige Größe, während die Gliedmaßen ihrer wilden Verwandten uns viel zu groß erscheinen. Der auffälligste Unterschied zwischen Hund und Wolf liegt jedoch in der Auswahl ihrer Gefährten: Hunde möchten lieber unter Menschen sein, Wölfe dagegen unter Wölfen. Nach Auffassung des Wolfsforschers David Mech entsprechen die Bindungen zwischen den einzelnen Rudelmitgliedern denen zwischen einem Hund und „seiner" menschlichen Familie.

David Mech meint, das Verhältnis von „Lumpi" zu seinem „Herrchen" lasse sich gut mit der Beziehung zwischen einem sozial niedrig gestellten Wolf und dem Anführer des Rudels vergleichen. Wolfsrudel sind streng hierarchisch gegliedert. Ein großes, fest zusammenhaltendes Rudel besteht meist aus einer kleinen Oberkaste mit einem einzigen Paar von sogenannten Alpha- oder Leittieren, das allein Nachkommen hat. Es schließt sich eine Mittelschicht von Alttieren an, die sich zwar nicht fortpflanzen, jedoch einen festen sozialen Status besit-

DIE WOLFSNATUR

zen, gefolgt von der unterprivilegierten Schicht der „Parias" oder Ausgestoßenen. Außerdem gibt es noch eine (soziale) Aufsteigerschicht der jüngeren Wölfe, die nicht älter als zwei Jahre sind.

Die Anführer des Rudels, normalerweise die Eltern der Jungtiere, stellen ihren Status selbstbewußt zur Schau. Wenn sie anderen Wölfen begegnen, richten sie sich mit aufgestellten Ohren und erhobenem Schwanz zu voller Größe auf und blicken den anderen Tieren direkt in die Augen. Mit diesem Verhalten zeigen und bestätigen sie ihren sozialen Rang.

Ein sozial untergeordnetes Tier wird hingegen mit gekrümmten Beinen, eingekniffenem Schwanz und angelegten Ohren zum Rudelführer hinkriechen. Wie ein Welpe, der um Futter bettelt, stupst es seine Nase begrüßend gegen das Gesicht des ranghöheren Wolfs, als wollte es ihm sagen: „Ich bin ja nur ein kleiner, liebebedürftiger Welpe, bitte tu mir also nichts!" Diese Gestik haben die Verhaltensforscher als „aktive Unterwerfung" bezeichnet. Wenn ein solcher Wolf seine Unterwürfigkeit noch stärker ausdrücken will, rollt er sich auf den Rücken und streckt die Beine in die Luft, wie ein Hund, der sich den Bauch kraulen lassen will. (In menschlichen Worten ausgedrückt, hieße das: „Also gut, du bist hier der uneingeschränkte Boß, und ich stelle absolut keine Gefahr für dich dar.") Dieses Verhaltensmuster, daß man als „passive Unterwerfung" bezeichnet, erinnert stark an das kindliche Verhalten eines Wolfes. In ähnlicher Weise führt sich nämlich ein kleiner Welpe auf, der sich den Bauch von einem Alttier zur Unterstützung der Darmtätigkeit massieren läßt.

Wenn Sie sich demnächst also vor dem Wolfsgehege im Zoo befinden, werden Sie dieses Imponier- und Demutsgehabe bestimmt feststellen können. Ähnliche Reaktionen, wie oben beschrieben, werden Sie vielleicht auch beobachten, wenn Sie vor den Tieren stehen und mit am Kopf angelegten Händen aufgerichtete und gesenkte „Wolfsohren" imitieren. So ironisch es vielleicht klingen mag: die gründlichsten Kenntnisse über das Seelenleben der Wölfe wurden durch die Beobachtung von Tieren in Gefangenschaft gewonnen, wenngleich Wölfe in Gefangenschaft nicht alle Verhaltensweisen „zeigen" können, die man in freier Natur an ihnen beobachten kann. Das leuchtet eigentlich unmittelbar ein: Die Tiere müssen im Gehege kein großes Revier verteidigen, sie werden regelmäßig gefüttert und von ihren Betreuern überwacht. Das wölfische Verhaltensrepertoire verarmt also im Vergleich zu dem freilebender Artgenossen.

Mit etwas Glück kann man aber im Zoo z. B. eine Begrüßungszeremonie beobachten, die nie ohne einen Überschwang an Gesichterlecken, Schweifgewedel und anderen Freudensbekundungen abläuft. Mit diesem Ritual begrüßen sich Wölfe, wenn sie kurzzeitig getrennt waren, aber auch schon nach einem längeren Nickerchen. In der Wildnis wird auf diese Art und Weise häufig die Zusammengehörigkeit innerhalb der Familie demonstriert, etwa wenn das Rudel die Witterung der Beute aufgenommen hat oder nachdem ein Tier geschlagen wurde.

Oft wird bei solchen Freudenausbrüchen besonders der anführende Rüde plötzlich von einem halben Dutzend rangniedrigerer Wölfe umringt, die ihm ihre Schnauzen ins Gesicht stupsen und ihm möglichst nahe sein wollen. Dabei handelt es sich um ein Gruppenverhalten von aktiver Unterwerfung, einer gemeinsamen Zuneigungsbekundung. Durch dieses Ritual demonstrieren die Tiere den Zusammenhalt ihres Rudels gegenüber allen anderen Wölfen und bekräftigen gleichzeitig den sozial herausgehobenen Status des Alpha-Wolfs.

Überraschenderweise ist der Alpha-Rüde kaum besonders aggressiv, zumindest nicht gegenüber Mitgliedern des eigenen Rudels. Eher trifft das Gegenteil zu; die meisten Alpha-Rüden sind außerordentlich tolerant und freundlich gesinnt. Innerhalb eines Rudels untersuchen sich die Wölfe ständig durch gegenseitiges Beschnüffeln und Belecken, und bei diesem routinemäßigen Sozialkontakt tut sich besonders der Rudelführer hervor. Zusammen mit den anderen Leittieren, jedoch in noch stärkerem Ausmaß, beeinflußt dieser Rüde die Atmosphäre innerhalb des Rudels. Da sich ihm das gesamte Rudel ständig aktiv unterwirft, kommen ihm auch die meisten Freundschaftsbezeigungen zu. Eine seiner Hauptaufgaben besteht deshalb darin, die innere Ausgeglichenheit und den Zusammenhalt des Rudels zu gewährleisten. Sollte er seine hohe Stellung an einen anderen Wolf verlieren, was hin und wieder vorkommt, kann er möglicherweise auch seine Fähigkeit als Schlichter innerhalb des Rudels einbüßen. Diese soziale Funktion ist also an die Position des Rudelführers gebunden, und nicht an das Tier, das gerade diese Stellung innehat.

Eine weitere wichtige Aufgabe des Alpha-Rüden besteht darin, die Jagdgründe des Rudels zu überwachen. Ein russisches Sprichwort lautet: „Den Wolf machen seine Beine satt." Dies bedeutet allerdings nicht, daß die Tiere ziellos durch die Landschaft streifen. Statt dessen benutzen die meisten Rudel auf ihren Jagdzügen bekannte Pfade und Kreuzungen innerhalb eines fest umrissenen Gebietes, dessen Ausdehnung von der Größe des Rudels und der Wilddichte abhängt.

Hierzu einige Beispiele: im Nordosten von Vancouver Island, British Columbia, wo zahlreiche Weißwedelhirsche leben, ging ein zehnköpfiges Rudel in einem Gebiet von etwa 60 Quadratkilometern auf die Jagd. Im Gegensatz dazu benötigte ein Rudel von vier Wölfen in Michigan, wo es weniger Wild gibt, bereits ein Jagdterritorium von 650 Quadratkilometern, und in Alberta mußte ein achtköpfiges Rudel auf einer Fläche von nicht weniger als 1300 Quadratkilometern jagen. Genauso wie der amerikanische Durchschnittsbürger mit statistisch durchschnittlich 1,6 Ehepartnern und 2,4 Kindern real nicht existiert, gibt es auch kein „normales" Jagdareal eines Wolfsrudels. In der Natur gibt es nun mal keine Durchschnittswerte, und schon gar nicht bei Wölfen. Wie wir gesehen haben, kann die Ausdehnung eines solchen Jagdgebietes zwischen 50 und 1500 Quadratkilometern betragen, d. h. um den Faktor 30 differieren. Diese außerordentliche Fähigkeit, das Verhalten den Standortbedingungen anzupassen, mag ein Grund dafür gewesen sein, daß der Wolf früher einmal so weit verbreitet war.

Unabhängig von seiner Größe dient ein bestimmtes Gebiet jeweils nur einem einzigen Rudel als Heimstätte und Jagdrevier. Die dort lebenden Tiere werden ihr Gebiet nur ungern mit anderen Wölfen teilen, und jeder Eindringling kann mit einem ziemlich unsanften Empfang, vor allem durch den Leitwolf, rechnen. Adolf Murie erzählt, wie er an einem Frühlingsmorgen in Alaska ein Rudel Wölfe beobachtete, das auf seinem Lagerplatz döste. Der Leitwolf schien ziemlich unruhig zu sein; er kletterte auf einen Aussichtsposten oberhalb des Lagers. Was beunruhigte ihn derart? Etwa um die Mittagszeit gesellten sich die restlichen Wölfe zu ihrem Anführer; sie bildeten nun ein Grüppchen, das mit den Schwänzen wedelte und auch andere Freundlichkeitsgebärden zeigte. Zu diesem Zeitpunkt bemerkte Murie etwa 50 Meter von den anderen Tieren entfernt einen sechsten, kleineren, grauen Wolf. Die Wölfe trotteten auf den Neuankömmling zu und kreisten ihn praktisch ein. Für einen Moment dachte Murie, sie würden den fremden Wolf freundlich aufnehmen, da einige Tiere noch andeutungsweise mit dem Schwanz wedelten.

Doch irgend etwas ließ die Stimmung ins Gegenteil umschlagen, da das Rudel plötzlich anfing, den Neuankömmling zu beißen. Dieser warf sich auf den Rücken und bettelte um Schonung. Die Wölfe ließen jedoch nicht von ihm ab, so daß er sich aufrappeln mußte und nur mit Mühe und Not ihren Zähnen entkam. Zweimal wurde er umgeworfen, als er den Hang hinunterhetzte, dicht gefolgt von den restlichen fünf Tieren.

Die rangniedrigeren Wölfe ließen bald von der Verfolgung ab, der Leitwolf setzte dem Eindringling jedoch mit unverminderter Geschwindigkeit nach, so daß dieser sein Heil nur in der Flucht suchen konnte. Murie erzählt weiter: „Hüfte und Schwanzansatz des Unglücklichen waren vollkommen blutbedeckt. Er war total entmutigt worden, sich dem Rudel anzuschließen, und er wurde nie mehr in dieser Gegend gesehen." Wenn der fremde Wolf geblieben wäre, hätte ihn das Rudel wahrscheinlich getötet.

In der Regel vermeiden Wölfe ein derartiges Blutvergießen, indem sie um fremde Reviere einen großen Bogen schlagen. Aber woher wissen sie, daß sie sich auf bereits besetztem Gebiet befinden? Die Antwort ist recht einfach: jedes Wolfsrevier ist nämlich gründlich mit Duftmarken versehen, die auf fremde Wölfe wie „Durchgang-verboten-Schilder" wirken. Hierbei handelt es sich lediglich um auffällige Objekte, wie Baumstümpfe, Stämme, Felsblöcke oder Eisbrocken, die sich entlang der Pfade und Kreuzungen, besonders aber im Grenzgebiet befinden. Für menschliche Nasen mag diese Art der Verständigung vielleicht nicht sehr angenehm sein, aber unter Wölfen klappt sie hervorragend.

DIE WOLFSNATUR

Die Leitwölfe setzen die meisten Duftmarken, in erster Linie ist es aber der Alpha-Rüde, der mit seinem Urin tropfenweise alle 200 bis 300 Meter das Gelände markiert. Manchmal wartet eine ganze Schar von Wölfen brav ab, bis sie an der Reihe sind, um durch dieses sogenannte „Spritzharnen" eine alte, nicht mehr wirkungsvolle Markierung zu erneuern. Möglicherweise äußert sich auch hier eine Form der Gruppensolidarität, wie der Forscher Russ Rothman vermutete. Wölfe, die gemeinsam urinieren, bleiben auch als Rudel zusammen.

Wölfe besitzen einen außerordentlich feinen Geruchssinn. Sie können beispielsweise bei günstigem Wind einen Elch auf zwei Kilometer Entfernung riechen. Deshalb erhalten sie die meisten Informationen aus ihren Duftmarken und benutzen diese möglicherweise zur Orientierung im Gelände. Aufgrund von Experimenten vermutet man, daß das Territorium eines Wolfes in seinem Kopf wie eine Landkarte gespeichert ist, auf der wichtige Punkte, wie Jagdflächen und Wegkreuzungen, markiert sind. Daher müssen die Wölfe an den Kreuzungen ihrer Pfade regelmäßig urinieren, um sich die Markierungen für Gebiete, in denen sich das Jagen besonders lohnt, immer wieder frisch ins Gedächtnis zu rufen.

Da der Geruchssinn des Menschen nur sehr schwach ausgeprägt ist, wären wir vollkommen verloren, wenn wir die einzelnen Düfte deuten müßten. Wölfe hingegen haben einen viel „feineren Riecher" und können sogar Informationen zu den einzelnen Tieren „erschnuppern": Welche Tiere sind zuletzt hier gewesen? Handelt es sich dabei um Weibchen oder Männchen? Sind sie gemeinsam oder nacheinander hier durchgezogen? Wann wurde zuletzt in diesem Gebiet gejagt? Auf alle Fälle ist klar, daß sie zwischen frischen und älteren Duftmarken unterscheiden und auch den Geruch eines fremden Wolfes erkennen können. Besonders der letzte Schluß lag nahe, weil Wölfe viel häufiger ihre Duft-Visitenkarten an den Rändern als innerhalb des Reviers hinterlassen; dementsprechend stoßen sie auch eher im Grenzgebiet auf die Markierungen der Nachbarrudel. Häufig findet man einen schmalen Überlappungsbereich von etwa einem Kilometer Breite, der von zwei Rudeln zu unterschiedlichen Zeiten genutzt wird. Die Duftmarken fremder Wölfe veranlassen die Tiere offenbar, ihren eigenen Harn auf dem umstrittenen Gebiet zu verspritzen und sich anschließend wieder fluchtartig in das eigene sichere Territorium zurückzuziehen.

Ist ausreichend Nahrung vorhanden, würden Wölfe sich sogar eher eine Mahlzeit entgehen lassen, als die Grenzen eines anderen Rudels zu verletzen. Einige Biologen, die im Nordosten von Minnesota arbeiteten, berichteten folgende Begebenheit: Ein Rudel hatte einen Hirsch verfolgt und bereits mehrfach verwundet. Trotz seiner schweren Verletzungen lief der Hirsch weiter, die Wölfe dicht auf den Fersen. Als er aber einen Fluß überquerte, der die Grenze zu einem Nachbarrevier bildete, folgten die Wölfe ihm noch ein kurzes Stück, „markierten" dann rasch und zogen sich wieder auf ihr Gebiet zurück. Am folgenden Tag wurde der verwundete Hirsch von dem anderen Rudel gerissen und gefressen.

Wölfe können nicht nur anhand von Duftmarken Anspruch auf ihr Gebiet erheben, sie tun das auch akustisch, und zwar ziemlich lautstark. Im Umgang miteinander verwenden sie eine breite Palette von Lauten, um die Bedeutung von Mienenspiel und Körpergestik zu betonen oder klarzustellen. So wird in einem typischen Wolfsgespräch gewinselt, gewufft, gejault, geknurrt, geschrieen, gebellt und geheult.

Einige Laborversuche deuten darauf hin, daß schon geringe Abweichungen bei der Lautäußerung die Bedeutung einer Aussage um Nuancen verändern können. Wenn ein Wolf beispielsweise winselt, wird grundsätzlich ein freundliches, aggressionsfreies Verhalten signalisiert; eine andere Form des Winselns – eher wie ein Piepsen – bekundet sexuelles Interesse; ähnliche, aber langgezogene Laute werden kurz vor dem Heulen ausgestoßen, und mit einem hohen Aufjaulen wird die Begegnung mit einem anderen Wolf abgebrochen. Alle Einzelheiten der Wolfssprache werden wir wohl kaum jemals erfahren, da ein von Menschen gebautes Oszilloskop nur schlecht an die Superohren eines Wolfs herankommt.

Zur Verständigung über größere Entfernungen erheben Wölfe ihre Stimmen, um ihr charakteristisches Geheul ertönen zu lassen. Ihr tiefer, langanhaltender Gesang übt auf uns Menschen eine besondere Faszination aus. Warum wird gerade der Mensch von diesen aufsteigenden und abfallenden Tönen so angezogen, die doch eigentlich nur einem Tier als Verständigungsmittel dienen? Wieso vermitteln sie uns das Gefühl von wilder Freiheit oder lassen Urängste in uns aufsteigen? In den vergangenen Jahren haben viele Menschen die Möglichkeit genutzt, diese Erfahrung persönlich bei sogenannten „Heulexkursionen" zu machen. Eine solche Exkursion muß man sich folgendermaßen vorstellen: bei Einbruch der Dunkelheit bewegt sich eine längere Autokarawane zu einem bestimmten Haltepunkt im Naturpark. Dort steigen die Insassen geräuschlos aus, fangen an, den Himmel anzuheulen, und warten ab, ob ihnen die Wölfe antworten. In etwa zehn Prozent der Fälle werden die menschlichen „Heulbojen" belohnt, da nicht nur die Menschen unterschwellig auf Wölfe ansprechen, sondern auch Wölfe direkt auf Menschen reagieren. Diese Tatsache haben Biologen ausgenutzt, um die Wolfsdichte in bestimmten Gebieten, insbesondere im Algonquin Park, abschätzen zu können. Je häufiger die Tiere auf das Geheul der Biologen antworteten, desto mehr Wölfe wurden in dem entsprechenden Terrain vermutet.

Interessanterweise antworten die Wölfe seltener, wenn das menschliche Geheul nicht echt ist, sondern vom Band kommt. Menschliche Ohren können zwar nicht zwischen beiden Tonquellen unterscheiden, aus einigen Tests wurde aber immerhin deutlich, daß die Töne aus Aufzeichnungen leicht verzerrt sind. Wenn Wölfe schon solche geringfügigen Unregelmäßigkeiten wahrnehmen können, wieviel müssen sie dann erst aus einem natürlichen Geheul heraushören! So wie jeder einzelne Mensch eine individuelle Stimmlage besitzt, kann auch jeder Wolf auf einzigartige Weise heulen. So könnte ein bestimmter Wolf beispielsweise seine „Strophe" immer auf die gleiche Weise beginnen und beenden, diese jeweils in einer bestimmten Tonlage halten oder zwischen den einzelnen Tonlagen charakteristische Schlenker machen. Können sich Wölfe gegenseitig über größere Entfernungen an ihrem Geheul erkennen? Verrät ein heulender Wolf, was er gerade tut oder fühlt? Erwiesen ist jedenfalls, daß ein langsam gehender Wolf etwas anders heult als ein liegender oder ein auf- und abschreitender. Desgleichen klingt das Geheul von Wölfen, die unaufgefordert heulen, anders als das von antwortenden Tieren. Manche Leute vermuten, das Heulen eines Wolfs, der von seinem Rudel getrennt wurde, höre sich ziemlich vereinsamt, fast schon wie ein schwermütiges Klagelied, an. Ob ein Wolf allerdings Nachrichten wie „Hallo, Jungs, die Jagd hier ist ganz schön mies, ich glaube, ich bleibe noch eine Woche länger weg" von sich gibt, wie uns der Schriftsteller Farley Mowat weismachen möchte, bleibt noch abzuwarten.

Sicher ist jedenfalls, daß Wölfe gern heulen, einfach weil es ihnen Spaß macht. Das gemeinschaftliche Heulen im Rudel, weiter oben als Begrüßungszeremonie beschrieben, hat also etwa die gleiche Bedeutung wie für uns ein Liederabend am Lagerfeuer. Lois Crisler hielt Wölfe mehrere Jahre lang in einem Freigehege in Alaska und berichtete, einige Tiere kämen freudestrahlend und mit offenem Maul hechelnd aus allen Himmelsrichtungen angestürzt und könnten offenbar das Singen kaum erwarten. Jedes Tier heult in seiner eigenen Stimmlage, da Wölfe, so bemerkte Lois Crisler, nach Möglichkeit nicht in der gleichen Tonlage, sondern lieber im Dreiklang singen. Eine „Heulrunde" dauert normalerweise etwas länger als eine Minute, und zwischen den einzelnen „Gesängen" liegt eine mindestens zwanzigminütige Pause. Diese gemeinsamen „Heulabende" erhalten und stärken die Ausgeglichenheit und freundliche Stimmung innerhalb des Wolfsrudels.

Ein Rudel kann auch durch Heulen wieder zusammenfinden, nachdem etwa einige Tiere einzeln oder in Kleingruppen auf der Jagd gewesen sind. Wölfe können die Quelle eines Geheuls unglaublich gut orten und auf diese Weise feststellen, wo sich ihre Gefährten gerade befinden. Im offenen Gelände kann ein Mensch das Geheul von Wölfen noch aus 16 Kilometern Entfernung wahrnehmen; wenn der Gesang durch Bäume gedämpft wird, halbiert sich diese Distanz. Selbstverständlich können Wölfe sich gegenseitig noch besser, d. h. über wesentlich größere Entfernungen, hören.

Durch Heulen verständigen sich Wölfe aber nicht nur mit weiter entfernten Rudelmitgliedern, sondern auch mit benachbarten Wolfsrudeln. In einer ruhigen Nacht kann schon durch eine einzelne „Heularie" die Anwesenheit eines Rudels in

DIE WOLFSNATUR

einem 300 Quadratkilometer großen Gebiet verkündet werden. Viele Forscher nehmen an, das Heulen diene Wölfen zur Revierverteidigung, genauso wie das Singen bei vielen Vogelarten. „Dieses Land gehört uns", heult das eine Rudel, während das andere zurückheult: „Und dieses gehört uns!" Manchmal heulen sich drei Rudel zur gleichen Zeit an, jedes in seinem eigenen Territorium, um sich anschließend von seinen Nachbarn zurückzuziehen.

Vermutlich sind Sie jetzt zu dem Schluß gelangt, ein typischer Charakterzug von Wölfen bestünde darin, ihr Revier mit all seinen Bauen, Lagerplätzen, Pfaden und Nahrungsquellen zu verteidigen. Das ist richtig, wenn auch mit einer wichtigen und interessanten Ausnahme: in der Tundra weichen die Wölfe offenbar von diesem Grundschema ab. Zwar leben sie die meiste Zeit des Jahres rudelweise zusammen, sind aber trotzdem nicht auf ein bestimmtes Gebiet fixiert, weil sie sich das schlichtweg nicht erlauben können. Ihre Hauptbeute, das Karibu, ist während des ganzen Jahres auf der Wanderschaft. Zum Überwintern zieht es in die Wälder des Südens, zum Kalben wieder hoch in den Norden. Dabei ändern die Rentierherden permanent ihre Routen, mal wandern sie mehr im Osten, beim nächsten Mal wählen sie einen Weg, der einige hundert Kilometer weiter westlich liegt; aus diesem Grund können weder Mensch noch Wolf genau vorhersagen, welchen Weg sie einschlagen werden, und dies ist auch ein Grund dafür, warum Tundrawölfe ein Nomadendasein führen. Außer vom Frühjahr bis zum Frühsommer, wenn sie Junge haben, folgen sie den auf- und abziehenden Karibuherden durch das nördliche Drittel des Kontinents. Welche Rolle Geruchsmarkierung und Heulen bei diesen Tieren spielen, wissen wir zur Zeit ebensowenig wie Details über die Organisation ihrer Rudel.

Ein Hinweis auf eine abweichende soziale Ordnung bei Tundrawölfen mag darin zu sehen sein, daß bei ihnen wesentlich mehr Weibchen trächtig werden. Bei Rudeln mit festem Revier kommt dies so gut wie nie vor; hier pflanzen sich in der Paarungszeit normalerweise nur jeweils ein Weibchen und ein Rüde fort, meist die Alpha-Tiere. Das mag oft daran liegen, daß sie die einzigen geschlechtsreifen Tiere sind, da die übrigen Tiere sich noch im Jugendalter befinden, d.h. jünger als zwei Jahre sind. Aber auch wenn in einem Rudel mehrere geschlechtsreife Tiere leben, gilt die Regel, daß sich nur die ranghöchsten Wölfe fortpflanzen. Genau 94% aller untersuchten Wolfsrudel haben daher nur einmal im Jahr Nachwuchs.

Diese recht wirkungsvolle Geburtenkontrolle läßt sich nur durch feste soziale Regeln erreichen. Die Fortpflanzungsperiode liegt im Spätwinter, je nach Breitengrad zwischen Januar und April, und dauert etwa vier Wochen. Während dieser Zeit kommen die erwachsenen Weibchen in die Ranz (Oestrus) oder Hitze und können sich nur dann vermehren. Aber die ersten Anzeichen für die Paarung tauchen schon viel früher auf, meist im Herbst. Sie äußern sich in vermehrten Spannungen und Aggressionen innerhalb des Rudels. Die Wölfe schnappen nach einander oder knurren sich an, und häufig kommt es zu kleinen Auseinandersetzungen. Diese Aggressionen gehen häufig von der Leitwölfin aus, die sich mit Vorliebe auf ihre Geschlechtsgenossinnen stürzt. Sehr oft werden diese vom ganzen Rudel angegriffen und auch vorübergehend verstoßen. Sie leben dann für sich, abseits von der Gruppe.

Wie man schon vermuten kann, wird in der eigentlichen Ranzzeit die ranghöchste Wölfin die Initiative zur Paarung ergreifen. Sie beginnt vor den ranghöheren Rüden intensive Gebärden aktiver Unterwerfung zu zeigen und spritzt ihren Harn gegen Büsche, Baumstämme, Felsbrocken und andere auffällige Stellen. Die Rüden wissen zunächst einmal gar nicht, was überhaupt los ist; aber nach kurzer Zeit packt auch sie die Erregung, und sie scharen sich alle voller Verzückung um die heiße Wölfin, um ihr gegen die Schnauze zu stupsen, ihren ganzen Körper zu beschnüffeln, ihren Harnduft zu erschnuppern oder selbst darauf zu „markieren". Innerhalb kurzer Zeit hat die Wölfin alle Männchen des Rudels, selbst die Welpen, im Schlepptau.

Selbstverständlich haben nun nicht alle die Chance, sich fortzupflanzen. Teilweise sucht sich die Wölfin, die einige Bewerber bevorzugt und andere einfach ablehnt, ihren Partner aus. Sie ist allerdings auch nicht sehr wählerisch und läßt sich ganz gern verführen. Schließlich bereitet einer der ranghöheren Rüden – meistens der Alpha-Wolf –

ihrer Freiheit ein vorzeitiges Ende und übernimmt nun die weitere Initiative. Zunächst wird er versuchen, die Paarungsversuche der übrigen Rüden zu verhindern. Zu diesem Zeitpunkt herrscht eine sehr aggressive Stimmung, da beide Leittiere den Rest der erwachsenen Wölfe im Rudel unter Druck setzen – die Alpha-Wölfin die Weibchen und der Alpha-Wolf die Rüden.

Den untergeordneten Wölfen bietet sich nur dann eine Paarungsmöglichkeit, wenn die Leittiere beschäftigt sind. Ein junger Rüde nutzte seine Chance, als der Alpha-Wolf gerade fraß; ein anderes Pärchen konnte in Ruhe kopulieren, als die Leittiere gerade buchstäblich nicht voneinander lassen konnten – Wölfe können sich nämlich wie Hunde während des eigentlichen Paarungsaktes für etwa eine Viertelstunde nicht aus dieser Stellung lösen. (In der Abbildung auf Seite 89 ist das gut zu erkennen.)

Man sagt oft, Wölfe paarten sich ein Leben lang immer mit denselben Partnern, und wahrscheinlich trifft dies bei Tieren zu, die sich in aufeinanderfolgenden Jahren fortpflanzen. Ganz bestimmt handelt es sich dabei nicht um einen romantischen Bund fürs Leben. Trotzdem entstehen auch bei Wölfen sehr starke persönliche Bindungen, die andere Verbindungen jedoch nicht unbedingt ausschließen. Außerdem kann es nur dann zu einer Paarung kommen, wenn die soziale Rangfolge dies zuläßt. In einem Rudel, das in Gefangenschaft gehalten wurde, wollte die Alpha-Wölfin sich mit dem Alpha-Rüden paaren, dieser mochte aber das dritthöchste Weibchen lieber. Das Alpha-Weibchen nahm daraufhin die Werbung des zweithöchsten Rüden (Beta-Wolf) an, obwohl der Alpha-Wolf die Paarung verhindern wollte. Beide Alpha-Tiere knurrten und schnappten nach dem Beta-Rüden, während der sich mit der Alpha-Wölfin paarte. Im nächsten Jahr war das Alpha-Männchen verschwunden, und „sein" Weibchen akzeptierte den Beta-Rüden und noch zwei weitere Männchen. Die Rüden waren auch noch an anderen Weibchen interessiert, von denen einige sich gerne paaren wollten, doch wurden alle Paarungsversuche durch die Alpha-Wölfin unterbunden, die immer dazwischenfuhr.

Im darauf folgenden Jahr starb das Alpha-Weibchen in Folge einiger Verletzungen am Bein, die ihr die am meisten unterdrückte Wölfin zugefügt hatte. Wenn die Wölfin ihre Verletzung überlebt hätte, wäre sie vermutlich vom Rudel verstoßen worden, wie es ehemaligen Leittieren häufig geschieht. Sehr wahrscheinlich hätte sie dann das Rudel verlassen oder den untersten sozialen Rang bekleidet, während ihre Nachfolgerin alle sozialen Privilegien, also auch die sexuellen, erhalten hätte, die mit dieser Position verbunden sind. Hätte sie allerdings das Rudel verlassen, so hätte sie weit weggehen müssen, um eventuell ein anderes, ebenfalls einsames Männchen zu finden und gemeinsam mit ihm eine neue Familie gründen zu können.

Wenn die soziale Struktur eines Rudels auseinanderbricht, weil die Leittiere gestorben sind, kann es im Rudel zu chaotischen Verhältnissen kommen, und die Paarung rangniedrigerer Wölfe untereinander läßt sich nicht länger verhindern. In Gegenden, in denen Wölfe gejagt oder vom Menschen verfolgt werden, pflanzen sich sehr viele Weibchen fort. Sogar für den relativ spärlich von Menschen bewohnten Nordwesten Kanadas, von dem man annehmen könnte, der Wolf lebe dort recht ungestört, drängt sich bei Biologen zunehmend der Verdacht auf, die ungewöhnliche Fruchtbarkeit der dortigen Wölfe beruhe letzten Endes auf Störungen durch den Menschen und nicht auf außergewöhnlichem Sozialverhalten.

Wenn die Ranz vorbei ist, klingen auch die damit verbundene Aufregung und die Anspannungen allmählich ab. Selbst wenn rangniedrigere Weibchen starken Repressalien ausgesetzt waren, so werden sie jetzt wieder vorbehaltlos ins Rudel aufgenommen. Oft helfen sie sogar der Alpha-Wölfin beim Vorbereiten des Baus. Manchmal reicht es schon, einen alten Bau gründlich zu säubern, da Baue häufig jahrzehntelang benutzt werden. Vielfach wird jedoch ein alter Fuchsbau oder eine verlassene Biberburg vergrößert und neu hergerichtet. Andererseits entschließt sich die Wölfin womöglich dazu, eine neue Höhle zu graben. Hierzu sucht sie sich einen sandigen, trockenen Hügel, in dem sie leicht graben kann, da das Erdreich ja zu der Zeit noch gefroren ist. Eine Wasserstelle, ein See, Fluß oder Bach, sollte nach Möglichkeit in der Nähe des Baues vorhanden sein. Die Arbeiten an einer oder mehreren Höhlen – die

DIE WOLFSNATUR

Wölfin legt gern Ausweichquartiere an – beginnen meist sechs Wochen, nachdem sie trächtig wurde, spätestens jedoch drei Wochen vor der Geburt der Welpen. Wölfe haben eine Tragzeit von etwa 63 Tagen.

Wie sieht es nun in einer Wolfshöhle aus? Adolph Murie wollte dies herausfinden und kroch in eine hinein: „Ich zwängte mich durch den Eingang der Höhle, der etwa 40 Zentimeter hoch und gut 60 Zentimeter breit war. Nach etwa zwei Metern knickte der Gang scharf ab und führte dann zwei Meter leicht nach oben zur eigentlichen Kinderstube. In dem Knick befand sich eine Ausbuchtung, offensichtlich die häufig benutzte Schlafstelle eines Alttieres".

In diese behagliche Behausung zieht sich die Wölfin zu gegebener Zeit zurück, um ganz allein ihre Jungen zur Welt zu bringen. Sobald eines der winzigen Jungtiere geboren ist, leckt die Mutter die Reste der Fruchtblase ab, kaut die Nabelschnur durch und rubbelt den kleinen Welpen so lange mit ihrer rauhen Zunge, bis er sauber und trocken an ihre Seite gekuschelt ist. Für die Geburt von fünf oder sechs Welpen, also einen normalen Wurf, braucht die Wölfin in der Regel etwa drei Stunden.

Die Welpen sind anfangs ziemlich hilflos. Sie können nur wenige Saug- und Drehbewegungen machen, und ihr Wahrnehmungsvermögen ist auf Wärme und natürlich auf warme Milch beschränkt. Aber nach etwa zwei Wochen öffnen sie die Augen, und nach der dritten Woche können sie bereits gehen, kauen, knurren und hören. Zu diesem Zeitpunkt stecken sie zum ersten Mal ihre runden Köpfchen aus dem Bau, und jetzt geht der Spaß erst richtig los!

Wer jemals mit Hundewelpen gespielt hat, kann bestätigen, wie herrlich albern sie sind, welche Lebensfreude in ihnen steckt. Junge Wölfe sind genauso verspielt, und wenn fünf oder sechs Welpen zusammen groß werden, bilden sie sicherlich einen ganz schön munteren Haufen. Ob sie nun Nachlaufen spielen, ein Stück alte Rentierhaut „zur Strecke bringen", einander anpirschen oder sich nur herumbalgen, in jedem dieser kindlichen Spiele steckt ein bißchen vom wirklichen Leben. Während sie spielen, lernen die jungen Wölfe die ersten Jagdtechniken, die Feinheiten der Körpersprache ihrer Artgenossen und machen die ersten Erfahrungen mit dem sozialen Gefüge ihres Rudels. Aber noch ist es ihnen vollkommen gleichgültig, was im späteren Erwachsenenleben auf sie zukommen wird. Voller Energie genießen sie in der frischen Frühlingsluft die frohe Unbeschwertheit ihrer Spielrunde.

Den ganzen Sommer lang bildet der Bau das Zentrum aller Aktivitäten des Rudels. Allabendlich begeben sich die erwachsenen Wölfe auf die Jagd, mal alle zusammen, mal einzeln oder in kleinen Gruppen. Häufig bleibt die Mutter, manchmal auch eine andere Wölfin, bei den Jungen am Bau zurück. Im Laufe des Vormittags kehren die Jäger zurück, um den Rest des Tages in der Nähe des Baus in der Sonne zu dösen. Zunächst aber wird jeder Heimkehrer stürmisch von einem Knäuel eifrig bellender Welpen begrüßt, die fordernd an seinem Maul beißen, lecken und stupsen. Auf diese Weise betteln die Jungen um Futter, und vermutlich wird das jeweilige Alttier durch dieses Verhalten veranlaßt, einen Brocken Fleisch hervorzuwürgen. Während die Kleinen nun ihr Festmahl verputzen, sind den Alten wenigstens einige ruhige Minuten vergönnt. Ansonsten kann es für einen Wolf schon recht schwer werden, ein Nickerchen zu machen, wenn die Welpen an seinen Ohren knabbern oder seinen Rücken als Trampolin benutzen.

Viele Biologen sind von der Tatsache fasziniert, daß die untergeordneten Wölfe eines Rudels bei der Aufzucht der Welpen mithelfen. Nach der Evolutionstheorie müßte das oberste Ziel jedes Lebewesens darin bestehen, möglichst viele Generationen eigener Nachkommen zu haben. Auf diese Weise stellt ein Individuum sicher, daß in zukünftigen Generationen sein Erbgut stark vertreten ist. Im allgemeinen Kampf ums Dasein scheint allein der Aspekt ausschlaggebend zu sein, möglichst viele Gene auf künftige Generationen zu übertragen, die dann dort den Gang der Evolution beeinflussen. Warum sollte daher ein Wolf, der selbst keinen Nachwuchs hat, die Welpen anderer Wölfe großziehen?

Zwei mögliche Antworten sind denkbar. Manche Wissenschaftler glauben, viele der „Helfer" seien in Wirklichkeit vom restlichen Rudel abhängig. Vielleicht können sie nicht sehr gut jagen und warten nur in der Nähe der Höhle ab, bis sie anderen, geschickteren Jägern zu einem geschlagenen Beutetier folgen können. Möglicherweise hoffen sie auch auf eine Gelegenheit, Futter von anderen Rudelmitgliedern erbetteln zu können, wie es manchmal vorkommt. Erhalten die „Helfer" nun mehr, als sie im Austausch leisten? Diese Frage konnte bislang noch nicht eindeutig geklärt werden.

Aber nehmen wir einmal an, der Schein trüge nicht, und die Helfer entpuppten sich tatsächlich als hilfreiche Wesen. Möglicherweise kann dieses Verhalten von der Genetik her erklärt werden. Wie wir schon gesehen haben, ist ein Wolfsrudel ein Familienverband, meistens handelt es sich um die Nachkommen eines einzelnen Elternpaars. Daher sind die jungen Welpen und die Helfer höchstwahrscheinlich Geschwister oder zumindest Halbgeschwister. Vom genetischen Standpunkt aus ist ein Individuum mit seinen Geschwistern im gleichen Maße verwandt wie mit seinen Nachkommen. Die Tochter einer bestimmten Wölfin besäße demnach ebenso die Hälfte ihres Erbguts wie ihre Schwester. Aus diesem Grunde gewährleistet ein Wolf, der seine jüngeren Geschwister großzieht, tatsächlich den Fortbestand seiner eigenen Gene. Manchmal kann es vorkommen, daß ein rangniedrigeres Weibchen Junge zur Welt bringt und diese zur Höhle einer Alpha-Wölfin trägt. Auch hier sind beide Weibchen jeweils an den Welpen der anderen Wölfin, genetisch gesehen, gleichermaßen beteiligt.

Während wir uns mit diesen theoretischen Fragen abgegeben haben, sind unsere Welpen kräftig herangewachsen. Ihre Mutter hat sie eventuell irgendwann im Laufe der ersten Monate in einen anderen Bau geschleppt, indem sie jedes einzelne Junge vorsichtig mit ihren mächtigen Zähnen umschloß. Wenn die Welpen nach acht oder zehn Wochen zu groß geworden und nicht mehr zu bändigen sind, zieht die Familie aus dem Bau ins Freie um, auf einen sogenannten „Rendezvous-Platz". Dieser umfaßt etwa eine Fläche von tausend Quadratmetern und dient den Welpen als Spielplatz und den erwachsenen Tieren als Aufenthaltsort nach der Jagd. Diese Plätze werden etwa bis Ende September benutzt. Im Herbst setzt dann wieder ein neuer Jahreszyklus mit Paarungszeit und Geburt ein.

Vom Wind leicht verweht, doch im Harsch deutlich zu erkennen: die Fährte eines Wolfs

Wölfe leben in einer geheimnisvollen Welt, in die wir Menschen nur gelegentlich Einblick erhalten.

Oben: „Dies ist mein Land!" Genauso wie Hunde ihr Bein an jeder Straßenlaterne heben, „markieren" auch Wölfe mit ihrem Urin Pfade, Beute und Reviergrenzen. Häufig scharren und kratzen Wolfsrüden im Erdreich neben einer Duftmarke, um diese auch optisch hervorzuheben.

Links: Mit unserem mangelhaften Wahrnehmungsvermögen werden wir Menschen nie die Erfahrungen eines Wolfs nachempfinden können, da Wölfe, wie viele andere Tiere auch, dreidimensional riechen können.

Oben: Mit seiner feinen Nase hat dieser Wolf ein Fleischdepot aufgespürt. Im Frühjahr vergraben Wölfe häufig ganze Fleischbrocken in der Nähe ihres Baus, die dann der Wolfsmutter als Proviant dienen, während sie sich um ihren Wurf kümmern muß.
Links innen: Was finden Wölfe nur dabei, sich an übelriechenden Stellen herumzuwälzen? Vielleicht sammeln sie diese „Duftbriefchen", um sie von anderen Rudelmitgliedern entziffern zu lassen, oder sie mögen einfach nur den Geruch von faulendem Fleisch.

Oben: Dieser Wolf „markiert", indem er seinen Hals an einem Kadaver scheuert.

Links: Nichts geht über das gemeinsame Heulen! Unabhängig von der Tages- und Jahreszeit können Wölfe zwar auch für sich allein heulen, gewöhnlich aber wird im Rudel geheult, und zwar im Winter immer gemeinsam im Morgengrauen und bei Einbruch der Nacht.

Oben: Wölfe kommen so gut miteinander aus, weil sie untereinander eine klare Sprache sprechen. Kleine Meinungsverschiedenheiten, wie diese hier, werden meist schnell und kampflos beigelegt. Als Ausdruck von Unterwürfigkeit und Angst hat der Wolf links im Bild die Ohren angelegt, während das rechte Tier mit aggressiver Miene knurrt und ganz eindeutig Herr der Situation ist.

Links: Wölfe und Menschen sind sehr gesellige Lebewesen. Abgesehen von einigen Einzelgängern leben Wölfe in kleineren Gruppen, die meist etwa aus einem halben Dutzend eng miteinander verwandter Tiere bestehen. Schon mancher Beobachter war von der freundlichen Atmosphäre beeindruckt, die innerhalb eines solchen Rudels herrscht.

DIE WOLFSNATUR

Oben: Manchmal ist ein Biß in die Schnauze eines Artgenossen notwendig, um die soziale Rangordnung und die ausgeglichene, aggressionsfreie Stimmung innerhalb des Rudels aufrechtzuerhalten.

Rechts: Die dunklen Ränder an Ohren, Augen und Schnauze unterstützen die Mimik des Wolfs und erleichtern so eine unmißverständliche Kommunikation der Tiere untereinander.

Rechts innen: Feindseligkeit kann bei Wölfen durch viele subtile, aber auch durch recht eindeutige Gebärden ausgedrückt werden. Seinem Gegner die Zunge herauszustrecken, gehört offenbar auch dazu.

„Was ich gesagt habe, war auch so gemeint." Aus der drohenden Haltung des Wolfs wird plötzlich eine kleinere Rangelei, indem er seinem frechen Nachbarn auf den Pelz rückt. Ernsthafte körperliche Auseinandersetzungen kommen jedoch sehr selten vor. Sie beginnen aus heiterem Himmel, ohne das übliche Vorgeplänkel von Droh- und Warngebärden.

Oben: Während der gemeinsamen Mahlzeit einsteht leicht Streit. Der Wolf rechts im Bild weiß wohl noch nicht so recht, was er will; während das offene Maul drohen soll, sind seine angelegten Ohren ein deutliches Zeichen der Angst.

Oben: Wenn sich keiner der beiden Kontrahenten von den Drohungen des Gegners einschüchtern läßt, kann aus einer Meinungsverschiedenheit ein Kampf entstehen. Hier stürzt sich ein Wolf auf seinen Rivalen, der bereits den Rückzug antritt.

Unten: Hier heißt es, die Beine in die Hand zu nehmen und nichts wie weg! Ein Rüde flieht vor dem angreifenden Leitwolf. Wie die meisten Auseinandersetzungen wird sicherlich auch dieser Streit ohne Blutvergießen ausgehen.

Oben: Mit seiner Kraft und seinem Gebiß könnte ein Wolf seinen Gegner durchaus umbringen, aber schwere Verletzungen oder gar Todesfälle kommen unter Wölfen kaum vor.

Links: Aufgrund der festen Rangordnung in einem Rudel weiß jeder Wolf ganz genau, welchen Tieren er überlegen ist und welchen er sich unterordnen muß. Dadurch werden Streitigkeiten um triviale Anlässe vermieden. Die friedliche Stimmung auf diesem Foto läßt auch erkennen, daß der oben liegende Wolf das dominante Tier ist.

Links innen: Schnell ist der Streit vergessen, und man leckt sich auch schon mal gegenseitig die Wunden. Für den Wolf rechts im Bild war dies nicht die erste Auseinandersetzung, wie man an der Narbe über seinem rechten Auge deutlich erkennen kann.

Links innen: Dieser Wolf zeigt noch deutliche Spuren einer Auseinandersetzung mit einem anderen Rüden.

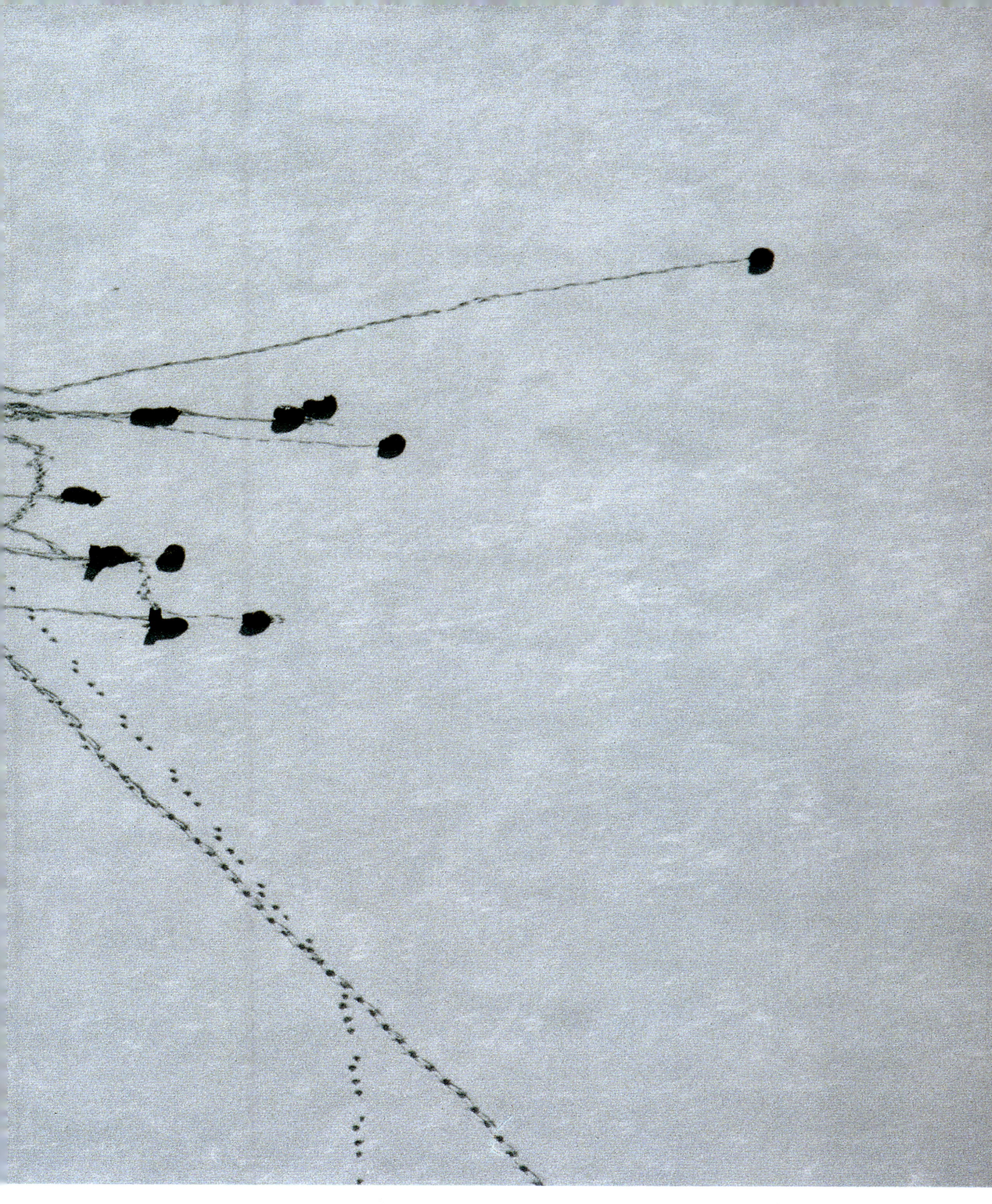

Oben: Hin und wieder sucht sich ein Rudel auch einen „Sündenbock" aus, den es dann gemeinsam malträtiert. Nach einer solchen „Klassenkeile" ist ein geächteter Wolf mehrere Meter von seinem Rudel entfernt im zertrampelten Schnee liegen geblieben.

DIE WOLFSNATUR

Rechts: Die aggressivsten Tiere im Rudel sind der Leitwolf und seine Gefährtin. Beide halten jeweils die eigenen Geschlechtsgenossen in Schach und verhindern so, daß sich außer ihnen noch andere Rudelmitglieder fortpflanzen.

Oben: Unwiderstehlich vom Geruch einer Wölfin angezogen, beobachten und beschnüffeln zwei Rüden das Objekt ihrer Begierde.

Oben: Ein Rüde stupst zaghaft eine Wölfin mit der Pfote an, doch der scheint diese Art der Werbung nicht sonderlich zu gefallen.

Links: Diese Wölfin zeigt ihren beiden Bewerbern ganz deutlich, wo es langgehen soll.

Paarungsbereitschaft bedeutet nicht, daß dem Weibchen jeder Bewerber willkommen ist. Dieser Rüde erhält eine unmißverständliche Absage.

Selbst während des Paarungsaktes hört der Streit nicht auf. Hier streiten sich zwei Rüden noch auf dem Rücken der Wölfin, während der (sprichwörtliche) dritte abwartend zuschaut.

Oben: In der behaglichen Kinderstube einer Wolfshöhle wärmen sich diese Winzlinge gegenseitig.

Links: Für ihren Bau bevorzugen Wölfe solche bequemen Plätze, am liebsten in hügeligem Gelände.

Links innen: Bald ist es soweit. Diese hochträchtige Wölfin wird sich in den nächsten Tagen nur noch in der Nähe ihrer Höhle aufhalten. Wölfe tragen ihre Jungen etwa neun Wochen aus.

DIE WOLFSNATUR

Oben: Mit Argusaugen überwacht die Mutter – oder ein anderer erwachsener Wolf – den ersten Ausflug der Welpen ans Tageslicht.

Rechts: Obgleich er erst zwei bis drei Wochen alt ist, hat dieser kleine Wolf bereits Appetit auf Fleisch.

Rechts innen: Noch nicht richtig laufen können, aber schon mitheulen wollen! Mit den ersten tapsigen Gehversuchen ist dieser zweieinhalb Wochen alte Welpe zum Höhleneingang gelangt, um dort sein zaghaftes Stimmchen zu erheben.

Ein Wolf hält Ausschau vor seiner Höhle auf Ellesmere Island (Nordkanada).

„Na, was haben wir denn hier?" Nach zwei bis drei Wochen kommen die Welpen aus dem Bau hervor und erleben ihre ersten Abenteuer.

Im Laufe ihres ersten Lebensjahres entwickeln sich die jungen Wölfe zu Erwachsenen, wenn ihnen auch manchmal noch die Reife fehlt. Auf diesem „Rendezvous-Platz" rufen zwei Wolfsjunge ihre Spielkameraden zusammen.

Mit der für ihre Art typischen Wachsamkeit beobachten diese beiden zwei Monate alten Welpen interessiert ihre Umgebung.

Bei Spielen und anderen sozialen Kontakten sammeln die jungen Wölfe nicht nur Kraft und Erfahrung, sondern lernen auch die Spielregeln des Umgangs miteinander.

Die Haltung des stehenden Wolfes kann zufällig sein, sie könnte jedoch auch schon als erstes Anzeichen von Dominanz gedeutet werden. Die jungen Wölfe sind jetzt neun Monate alt.

WÖLFE AUF DER JAGD

Von ihrer Familie umsorgt, können junge Wölfe in ihrem ersten Frühling und Sommer noch ausgelassen umhertoben, mit dem Herbst jedoch nähern sich die härteren Zeiten des Lebens, denn nun geht es mit dem ganzen Rudel auf die Jagd. Wenn man nichts außer einem scharfen Gebiß und einem raschen Auffassungsvermögen besitzt, ist das Jagen von großen Huftieren bestimmt nicht ungefährlich, und die jungen Wölfe müssen zunächst eine Menge lernen. Ihre ersten Erfahrungen haben die Welpen bei der Jagd auf Käfer und Mäuse erworben, als sie noch in der Höhle oder auf dem Rendezvous-Platz lebten; nun heißt es, die Erwachsenen beim Jagen von großen Tieren zu beobachten.

In seinem neuen Buch über Moschusochsen in der Arktis schildert der Autor David R. Gray folgende Jagdepisode, die er zusammen mit einigen Kollegen an einem kalten Septembertag beobachten konnte: Sechs Wölfe, zwei davon Welpen, trabten auf eine zwölfköpfige Herde Moschusochsen zu, ein Bollwerk massiger Leiber (jedes Tier wiegt durchschnittlich 300 Kilogramm) mit auf- und abwogenden, gewaltigen Hörnern und stampfenden Hufen. Die Wölfe kamen hintereinander bis auf etwa hundert Meter an die Herde heran, die zunächst zusammenrückte, sich dann aber wieder zerstreute. Während die Moschusochsen unruhig auf- und abstampften, ließ sich ein Wolf am Boden nieder, und zwei andere Wölfe umkreisten die sich hin- und herschiebende Herde. Diese begann plötzlich davonzugaloppieren, ihr Leitbulle blieb jedoch stehen und wandte sich den Angreifern zu. Ein Wolf sprang ihm in die Flanke, und der Rest der Herde rückte wieder zusammen.

Nun gesellten sich die übrigen Wölfe zu den ersten beiden, und die Moschusochsen stellten sich im Kreis auf, die Hörner gegen ihre Widersacher gerichtet. Die beiden Welpen beobachteten dicht beieinander, wie die erwachsenen Wölfe um die Herde hetzten. Zwei Moschusochsen griffen gemeinsam einen Wolf an, der gerade soweit floh, um ihren Hufen zu entgehen, und dann sofort wieder auf die Herde zulief.

Zu diesem Zeitpunkt liefen die beiden Welpen mit eingekniffenem Schwanz davon. Aus der dicht aufschließenden

WÖLFE AUF DER JAGD

Moschusochsenherde machte zuerst ein Bulle, dann eine Kuh eine Ausfallattacke gegen die angreifenden Wölfe. Während das angreifende Rind wütend hinter einem Wolf herrannte, versuchte ein zweiter Wolf, sich zwischen das Tier und den Rest der Herde zu drängen, um das Rind auf diese Weise zu isolieren. Das gelang aber nicht, da die Herde immer wieder in die entstehende Lücke nachrückte. Die Wölfe ließen etwa vier Minuten, nachdem sie den Angriff begonnen hatten, von der Herde ab und eilten zu den Welpen. Die Moschusochsen drängten sich aber weiterhin zusammen, während sich alle Wölfe auf der Erde niederließen.

In mancher Hinsicht ist dieser Vorfall ein gutes Beispiel dafür, wie sich Wölfe allgemein auf der Jagd verhalten. Auffällig sind das Anschleichen im Gänsemarsch und der gemeinsame, wenn auch nicht nach festen Regeln ablaufende Angriff. In erster Linie versuchten die Wölfe in dem geschilderten Beispiel, einen Moschusochsen von der restlichen Herde zu isolieren; jeder Wolf nutzte dazu sämtliche Vorteile und Chancen, die sich ihm durch die einzelnen Angriffe seiner Jagdgefährten boten. Diese Zusammenarbeit bei der Jagd kennt zahlreiche Varianten. So kann ein Wolf beispielsweise den „Lockvogel" spielen, der das Opfer attackiert oder umkreist, während die übrigen Wölfe sich unbemerkt anschleichen, um die Beute dann zu überrumpeln. Manchmal lösen sich ein oder zwei Wölfe von der mutmaßlichen Beute und gehen außer Sichtweite in Stellung. Das Rudel kann nun die Beute in diese Richtung hetzen und den dort lauernden Vorposten direkt entgegentreiben.

Mit ziemlicher Sicherheit kann man davon ausgehen, daß die Tiere diese koordinierten Jagdmanöver nicht exakt und streng methodisch geplant haben. Vielmehr äußern sich hier offenbar die rasche Auffassungsgabe und die hohe Intelligenz der Tiere. Jeder Wolf entscheidet anhand von angeborenen und erlernten Verhaltensmustern selbst, was bei der Jagd zu tun ist. Blitzschnell schätzt er die Reaktion der Beute ein, stellt fest, wie das Gelände beschaffen ist, erfaßt die bereits durchgeführten Manöver seiner Gefährten und trifft in Sekundenschnelle seine Entscheidung.

Bei der Jagd wird von einem Wolf offenbar nicht nur äußerste Konzentration, sondern auch eine gute Merkfähigkeit verlangt. Trotzdem ist es nicht ungewöhnlich, wenn Wölfe zwischendurch mal eine Pause einlegen, um die Gegend zu betrachten oder sich zu erholen. Wie weiter oben geschildert, hatte sich auch dort ein Wolf niedergelegt, während zwei andere Wölfe die Moschusochsen umkreisten. Manchmal gibt ein Wolfsrudel sein Vorhaben auch völlig auf, obwohl man als Zuschauer vielleicht den Eindruck gewinnt, daß die Raubtiere Erfolg haben könnten. Fehlte den Wölfen aus Grays Bericht etwa die Motivation, den Angriff zu Ende zu führen, weil sie zu wenig Hunger hatten? (Tatsächlich hatten sie kurz zuvor noch ein Beutetier geschlagen, dessen Kadaver ganz in der Nähe lag.) Oder hatten sie einfach nur den richtigen Instinkt, daß Weitermachen pure Energieverschwendung gewesen wäre? Wenn Wölfe ein Tier töten wollen, heißt das noch lange nicht, daß sie dazu auch wirklich im Stande sind. Über unzählige Generationen hinweg haben sie sich schließlich in Anpassung an ihre Beutetiere und gemeinsam mit ihnen entwickelt. Je mehr Jagdstrategien die Wölfe also entwickelt haben, desto mehr Kniffe haben die Beutetiere gelernt, diesen zu entgehen.

Die Chancen sind in etwa gerecht verteilt. Moschusochsen wenden zur Verteidigung, wie oben beschrieben, die vorteilhafte Verteidigungsring-Taktik an: die Köpfe mit den Hörnern sind nach außen gerichtet, so daß die Flanken der Tiere geschützt sind. Karibus schützen sich durch ständig wechselnde Wanderstrecken, weswegen die Tiere nur schwer zu finden sind. Auch bilden sie immer so große Herden, daß es für einen Wolf nahezu unmöglich ist, etwa bei einer panikartigen Flucht der Karibus ein einzelnes Tier aus der Herde zu reißen. Außerdem können Karibus, wie andere Hirscharten auch, schneller laufen als Wölfe. Bergziegen ihrerseits sind in der Lage, auf der Flucht steile Felshänge zu erklimmen, wohin ihnen kein Verfolger nachsetzen kann. Wölfe haben also nicht nur die Evolution dieser Tierarten sehr stark beeinflußt, sondern auch die von Elch, Bison und Bergschaf. Da sie alle vom Wolf gejagt werden, haben sie auch besondere Fähigkeiten entwickelt, seinen Angriffen zu entgehen. Der Dichter Robinson Jeffers drückte diese evolutionsgeschichtliche Wechselwirkung in lyrischen Worten aus:

What but the wolf's tooth whittled so fine/ the fleet limbs of the antelope? (War's nicht der Wolfszahn, der da schuf/ der Antilope flinken Huf?)

Bei diesem Verhältnis von Räuber und Beute überrascht es nicht, daß Wölfe häufig nicht im Stande sind, ihre Beutetiere tatsächlich zur Strecke zu bringen. Um es etwas genauer zu sagen: Oft trauen sie sich erst gar nicht. Einige Biologen vermuten, daß Wölfe ihre Opfer nach sichtbaren Schwächen aussuchen, die ihnen möglicherweise die Jagd erleichtern. Potentielle Opfer in einer Karibuherde werden beispielsweise sondiert, indem das Wolfsrudel die Herde zur Probe eine Zeitlang durch die Gegend hetzt. Wenn die Rentiere einen dichten Pulk bilden und mit hoher Geschwindigkeit davonjagen, verlieren die Wölfe schlagartig das Interesse. Aber wehe, ein Tier strauchelt oder bleibt hinter der Herde zurück, dann sind die Wölfe zur Stelle und nutzen ihre Chance. Möglicherweise wollte das Wolfsrudel aus Grays Bericht die Moschusochsen auch nur in ähnlicher Weise testen. Da die Rinder offenbar allesamt starke Tiere waren, trollten sich die Wölfe wieder. Sehr oft gehen die Jagdzüge so aus, denn die bisher gesammelten Daten lassen vermuten, daß Wölfe in neun von zehn Fällen mit leerem Bauch heimkehren.

Woran liegt es also, daß einige Tiere dennoch den Wölfen zum Opfer fallen? Vielleicht leiden solche Beutetiere an einer ansteckenden Krankheit, sind stark von Parasiten befallen oder werden durch Verletzungen oder durch ihr Alter behindert. Möglicherweise tragen sie auch genetische Schäden, oder ihre Population ist so angewachsen, daß nicht alle Tiere ausreichend Nahrung bekommen, was die einzelnen Exemplare schwächt. In all diesen Fällen könnten Wölfe unbewußt als eine Art „Gesundheitspolizei" über ihre Beutetiere wachen, indem sie die Alten und Schwachen herauslesen und dadurch die Population regulieren.

Verschiedene Studien stützen diese Meinung. Um 1940 brach beispielsweise auf der *Isle Royale* im Oberen See (Kanada) die Elchpopulation zusammen, weil die Tiere sich zu stark vermehrt und alles kahlgefressen hatten. Nachdem man aber im selben Jahrzehnt Wölfe auf die Insel gebracht und sich eine stabile Wolfspopulation gebildet hatte, nahm auch die Zahl der Elche schrittweise wieder zu; 1960 waren es bereits etwa 600 Tiere, zehn Jahre später lebten 1500 Elche auf der Insel. David Mech, der sie in dieser Zeit untersuchte, fand heraus, daß minderwertige Tiere durch die Wölfe eliminiert wurden. Obwohl die Raubtiere auch recht viele Kälber rissen, schienen sie den Elch nicht allzu sehr zu dezimieren. Bei der Fortpflanzung von Elchen ist offenbar eine solche Verlustrate, wie bei den meisten Huftieren, von vornherein eingeplant. Diese Befunde stimmen auch mit der Überzeugung überein, daß Wölfe die von ihnen gejagten Arten sehr selten nachteilig beeinflussen.

In den vergangenen zwanzig bis dreißig Jahren erkannten jedoch viele Biologen allmählich, daß sich das natürliche Gleichgewicht nicht immer so „unparteiisch" einstellte, wie es zunächst den Anschein hatte. Das gilt auch für den „räuberischen" Wolf, dessen Einflüsse auf die Populationen seiner Beutetiere weitaus vielfältiger sind, als zunächst vermutet wurde. Das soll am Beispiel einer Herde einer bestimmten Karibuart veranschaulicht werden, die im Norden von British Columbia lebt. Ende der siebziger Jahre fiel einigen Biologen auf, daß die Zahl der Karibus abnahm, weil so sie wenig Nachwuchs hatten. Was genau war passiert? Wurden die Kühe nicht mehr trächtig? Diese Erklärung konnte wohl nicht zutreffen, weil bei etwa 90% aller Weibchen im Mai das Euter angeschwollen war, ein sicheres Zeichen dafür, daß sie bald kalben würden. Fielen die Neugeborenen vielleicht den Frühjahrsstürmen zum Opfer? Auch das traf wohl nicht zu, denn als die Forscher im Juni in die Berge kletterten, fanden sie viele gesunde Kälber vor, und drei Viertel aller Kühe führten ein Junges mit sich. Anfang Juli jedoch waren die Kälber praktisch wie vom Erdboden verschluckt. Sie waren alle von Grizzlybären, Vielfraßen und von Wölfen gerissen worden. Obwohl auch genug Elche in der Gegend waren, fand man in frischem Wolfskot, der an den Geburtsplätzen der Karibus aufgelesen wurde, ausschließlich Überreste von Karibukälbern. Offenbar war der Rückgang der Karibus in diesem Gebiet hauptsächlich dadurch zu erklären, daß sie von Raubtieren verfolgt wurden.

Die oft vertretene Meinung, Wölfe töteten

WÖLFE AUF DER JAGD

immer nur so viele Tiere, wie sie benötigten, ist leider eine zu grobe Verallgemeinerung, und obendrein ist sie falsch. In den meisten Fällen tötet ein Rudel ein Tier und kehrt in den folgenden Tagen oder Wochen immer wieder zu dem Kadaver zurück, bis auch der letzte Knochen abgenagt ist. Was dann noch übrig ist, wird von Raben, Adlern, Füchsen oder einzeln lebenden Wölfen gefressen, so daß nichts verschwendet wird. Es kann aber auch ganz anders kommen. Wenn Wölfe außerordentlich leicht jagen können, beispielsweise an den Geburtsplätzen der Karibus oder in Viehzuchtgebieten, dann töten sie auch übermäßig viele Tiere. Sichere Daten hierüber liegen nicht nur für Wölfe vor, sondern auch für zahlreiche andere Raubtiere, die unter ähnlichen Bedingungen leben.

Viele vertreten aufgrund dieser Befunde die Auffassung, Wölfe seien gemeine Kreaturen ohne Moral, die etwas mehr Anstand und ein besseres Gespür für die Tragweite ihrer Untaten zeigen sollten. Das ist natürlich vollkommener Unsinn. Ein Wolf ist nun mal kein Mensch. Sein „Broterwerb" besteht darin, andere Tiere zu töten, um sich und seine Nachkommen ernähren zu können, und deshalb sollten wir auch nichts anderes von ihm erwarten. Welchen Einfluß Wölfe auf ihre Beutetiere ausüben, ist keine Frage von Prinzipien oder gar Moral; vielmehr handelt es sich dabei um einen sehr wirkungsvollen natürlichen Prozeß. Weder wächst die Gesamtzahl der Wölfe übermäßig an, noch vertilgen sie alles jagdbare Wild, weil sie dazu normalerweise gar nicht in der Lage sind. Schließlich regulieren Wölfe schon von Natur aus ihre Bevölkerungsdichte. Wie wir gesehen haben, erreichen sie dies durch territoriales Verhalten, das die Kopfzahl der Wölfe in einem bestimmten Gebiet beschränkt, sowie durch ein fein abgestimmtes soziales Verhalten, durch das die Geburtenziffer innerhalb eines Rudels geregelt wird. Bezogen auf lange Zeiträume und große Flächen ist die Lebensweise der Wölfe schon ökologisch ausgewogen, sonst hätten sie ihre Beutetiere und damit ihre eigene Art bereits vor langer Zeit ausgerottet.

So richtig diese Schlußfolgerung ist, können Wölfe andererseits in kleineren Gebieten und Zeitabschnitten die Anzahl ihrer Beutetiere wie auch die eigene Kopfzahl stark dezimieren oder zumindest erheblich dazu beitragen. Vermutlich stellt dieser Rückgang der Tiere häufig die absteigende Kurve eines Bevölkerungszyklus dar, ist also ebenfalls ein natürlicher Prozeß, den wir Menschen in unserer Ungeduld nur nicht bis zum Ende verfolgen wollen. Betrachten wir beispielsweise den Fall einer Elchpopulation, die mehrere aufeinanderfolgende harte Winter hinter sich hat. Es gab nur wenig zu fressen, und der Schnee war so tief, daß viele Tiere den Wölfen zum Opfer fielen. Die Zahl der Elche nimmt ab. Und wenn im Frühjahr die unterernährten Elchkühe ihre Kälber werfen, werden diese mühelos von den Wölfen gerissen; die Elchpopulation schrumpft abermals. Zunächst bleiben die Wölfe zahlenmäßig stark und leben wie im Paradies, aber schließlich wird auch ihr Futter knapp, und ihre Zahl geht zurück. Anschließend haben Wolf und Elch nur gemeinsam eine Chance, allmählich und über mehrere Jahre hinweg neue Populationen aufzubauen.

Wie beeinflussen nun Wölfe insgesamt die Tiere, die von ihnen gejagt werden? Verhindern sie wie eine Art „Gesundheitspolizei", daß zu viele Tiere in einem Bestand leben und sich Krankheiten und Erbschäden verbreiten? Dies schien auf Isle Royale der Fall gewesen zu sein, wie Sie sich erinnern werden. Suchen Wölfe sich nur den minderwertigen „Ausschuß" heraus, der ohnehin bald gestorben wäre, oder rotten sie tatsächlich ihre Beute fast aus, wie etwa die Karibuherde in British Columbia? Die Experten streiten sich zwar noch über diese Fragen, doch scheint beides zuzutreffen. Die Beziehungen zwischen dem Wolf und seinen Beutetieren sind sehr variabel und komplex und können je nach Jahreszeit, Ort oder Jahr unterschiedlich verlaufen. Aus diesem Grund lassen Untersuchungen, die nur über einen kurzen Zeitraum und auf begrenztem Gebiet durchgeführt werden, nur schwer exakte Angaben und hieb- und stichfeste Interpretationen zu.

Inmitten dieses Nebels aus vagen Aussagen müssen nun Entscheidungen getroffen werden, wie der Wolf kontrolliert werden soll. Leider muß man als weitere Komplikation noch einen Faktor berücksichtigen, der selbst in ein Meer widersprüchlicher Informationen und Emotionen getaucht ist. Es handelt sich dabei um die Frage, inwieweit eine Tierart dem Menschen nützlich ist. Die meisten Menschen werden sich vermutlich brennend für

Schwankungen im Bestand derjenigen Tierarten interessieren, auf die sie in irgendeiner Weise angewiesen sind. In unserem Beispiel könnten sich vielleicht einige Jäger dazu berufen fühlen, etwas gegen die Abnahme der Elche zu unternehmen, und im ganzen Land würde der Ruf laut, die vierbeinigen Räuber zu dezimieren. Die Argumentation der Jäger könnte vielleicht folgendermaßen lauten: „Warum sollen wir einen langwierigen natürlichen Prozeß mit ungewissem Ausgang abwarten, wenn wir durch geeignete eigene Maßnahmen ein gewisses Maß an Stabilität erreichen? Warum sollen die Wölfe bei zunehmender Wildpopulation die besten Bissen einheimsen, während wir nur ein paar von ihnen töten müßten, um auch uns einen gewissen Anteil zu sichern?"

Wie wir wissen, hatten unsere Vorväter vor nicht allzu langer Zeit für solche verwirrenden Fragestellungen noch einfache Lösungen parat. Sie dachten nicht etwa an einen begrenzten oder kontrollierten Abschuß, sondern wollten den Wolf mit Stumpf und Stiel ausrotten. Zwar leben solche Ideen immer mal wieder auf, doch würde diese Ansicht heute niemand mehr tolerieren. Die Vorstellung, daß nicht nur wir Menschen, sondern alle Tiere und Pflanzen Geschöpfe dieser einen Erde sind, setzt sich in unserem Bewußtsein allmählich durch. In dem Manifest zur Rettung des Wolfes, das von der Gruppe der Wolfsspezialisten bei der *International Union for Conversation of Nature and Natural Resources* herausgegeben wurde, heißt es: „Wie alle anderen wildlebenden Tiere haben auch Wölfe das Recht, in der freien Natur zu leben. Dieses Existenzrecht ergibt sich in keiner Weise aus dem Nutzen für den Menschen, sondern entsteht aus dem Grundrecht jeder lebenden Kreatur, zusammen mit dem Menschen als Teil dieses Ökosystems zu existieren."

Auch wenn es sicher zu brutal und dumm wäre, alles für den Menschen zu beanspruchen, ist es auch nicht damit getan, dem Wolf die höchste Priorität einzuräumen. In den nördlichen Bundesstaaten der USA etwa, wo die Art vom Aussterben bedroht ist, sollte man den Bedürfnissen der Wölfe Vorrang einräumen, wo aber die Populationen lebensfähig sind, wie beispielsweise im nördlichen Kanada, können wir Menschen uns eher ein paar zusätzliche Freiheiten herausnehmen.

Ich selbst habe noch nie ein Tier getötet, das größer als ein Fisch oder eine Maus war, und will auch überhaupt nicht lernen, wie man dies macht. Bei mir zuhause lebt ein Kleintierzoo, der aus Vögeln, kleinen Nagetieren, Reptilien und Hunden besteht, und immer wenn ich eine Spinne oder Biene im Haus finde, trage ich sie vorsichtig ins Freie. Ich habe trotzdem während meines ganzen Lebens viele tote Tiere gegessen, und ich respektiere diejenigen, die sie für mich gezüchtet und geschlachtet haben. Wenn einzelne Wölfe oder Wolfsrudel dazu übergehen, Haustiere von Bauernhöfen zu reißen, scheint es mir vertretbar zu sein, diese Tiere aufzuspüren und zu erschießen. Vernünftig erscheint mir auch das in Minnesota praktizierte Zonensystem, wo Angestellte der Regierung innerhalb einiger eng begrenzter Gebiete Wölfe abschießen dürfen. Ähnlich effektiv sind dort sowie in den kanadischen Provinzen Alberta und Ontario auch die Projekte zur Schadensersatzfinanzierung, die mit öffentlichen Mitteln gefördert werden. Sollten die Pläne, den Wolf im Yellowstone-Nationalpark und einigen anderen Naturparks in Montana und Idaho wieder einzubürgern, jemals Gestalt annehmen, würden dort vermutlich beide Methoden angewendet. Vermutlich bleibt es nicht aus, jeden Bürger irgendwann einmal zur Kasse zu bitten, damit diese zeitaufwendigen und teuren Artenschutzmaßnahmen finanziert werden können.

Ab und zu mag man auch zugunsten der jagenden Mitmenschen eingreifen. Nehmen wir beispielsweise an, eine Hirschpopulation würde durch Krankheit, ungünstige Witterung oder schlecht organisierte Treibjagden stark in Mitleidenschaft gezogen. Da die Wölfe als erfahrene Jäger sofort ihre Chancen erkennen, könnten sie mit den Hirschen bald kurzen Prozeß machen und sich dadurch eventuell selbst ruinieren. Der Mensch kann in dieser Situation regelnd eingreifen, damit weder die Population der Räuber noch die der Beutetiere zusammenbricht. Ein seltener Fall ist die direkte Konkurrenz zwischen Mensch und Wolf, beispielsweise dann, wenn Jäger die Hirschjagd als Existenzgrundlage betreiben. Bevor sie daher infolge des Rückgangs der Wilddichte am Hungertuch nagen müssen – und somit auch bestimmte folkloristische Elemente eines Land-

WÖLFE AUF DER JAGD

strichs völlig verschwinden – könnte man einen vorübergehenden gezielten Abschuß einiger Wölfe in dem betreffenden Gebiet befürworten.

Dies sind jedoch außergewöhnliche Umstände, denn der Abschuß von Wölfen darf nie zur Routine werden. Wenn in einem bestimmten Gebiet Jahr für Jahr immer wieder die gleichen Maßnahmen zur Kontrolle der Wölfe propagiert werden, kann man davon ausgehen, daß sie nicht sehr erfolgreich waren. Man sollte sich dann andere Möglichkeiten einfallen lassen, selbst wenn vorübergehend die Jagd als Hobby oder andere Freizeitaktivitäten eingeschränkt werden müssen. Schließlich haben wir schon genug Wölfe umgebracht, und nach all dem Schaden, den wir den Wölfen zugefügt haben, sollten wir zumindest ihre Nachkommen in Frieden leben lassen.

Schließlich bleibt nun noch die Frage offen, wie wir in Zukunft mit den Wölfen leben und gut auskommen wollen. Eine Patentlösung oder „den" richtigen Weg dafür gibt es wohl nicht. Bei jedem neuen Problem, daß sich uns im Zusammenhang mit Wölfen stellt, müssen schwierige Entscheidungen getroffen werden. Letzten Endes handelt es sich dabei um moralische Entscheidungen, und sie betreffen uns alle. Auch wer nicht wissenschaftlich vorgebildet ist, ist nicht automatisch von der Verantwortung befreit; schließlich geht es dabei nicht um technische Fragen und Probleme, die hinter geschlossenen Türen von irgendwelchen nüchtern kalkulierenden Experten gelöst werden. Selbstverständlich ist auch die Forschung enorm wichtig, denn wir können Probleme nicht einschätzen, bevor nicht die bestmöglichen Informationen vorliegen. Jacob Bronowski meinte einmal zu diesem Thema: „Jedes wissenschaftliche Urteil ist ein ganz persönliches und kann sich jederzeit als Irrtum erweisen. Die Wissenschaft erkennt das an, was wir wissen können, obwohl wir fehlbar sind."

Wenn wir mit den Wölfen friedlich zusammenleben wollen, müssen wir uns über die reine Information und Objektivität hinaus ohne wenn und aber ein in die Zukunft orientiertes Weltbild erarbeiten, in dem alle Lebensformen respektiert werden und ihren Platz finden. Genau darin besteht die Herausforderung der Wölfe an uns.

Oben: Die reizvollsten Beschäftigungen im Leben eines jungen Wolfs sind die, bei denen er seine Fähigkeiten als Jäger verbessern kann.

Links: Dieser zehn Monate alte Welpe gräbt Fleisch aus einem Versteck aus. Wölfe – übrigens auch Rotfüchse – benutzen bei ihrer Vorratshaltung offenbar ein sehr wirkungsvolles „Karteikartensystem". Nachdem der Wolf ein Versteck geleert hat, wird es mit Urin markiert. Daran kann er später erkennen, daß dieses Depot leer ist und daß es sich nicht lohnt, an dieser Stelle zu graben.

Oben: Der Brustkorb eines Wolfes ist für einen Vertreter der Hundefamilie ungewöhnlich schmal. Diese anatomische Besonderheit erlaubt es ihm aber, ebenso grazil und schnell wie eine Großkatze zu laufen.

Links: Dieser zehn Monate alte Welpe kaut mit sichtlichem Behagen an einem Zweig. Möglicherweise reinigt er sich auf diese Weise seine Zähne.

Auf der Jagd läuft ein Wolfsrudel normalerweise im Gänsemarsch hintereinander.

Obwohl Wölfe sich hauptsächlich von großen Huftieren ernähren, enthält ihre Speisekarte auch Mäuse, Hasen, Vögel und sogar Fische. Der Biologe Bob Bromley beobachtete einmal, wie ein Wolf in nur 15 Minuten fünf Fische fing.

Die Jagd auf große Huftiere ist ein ziemliches gefährliches Unternehmen. Ein einzelner Wolf ist durchaus imstande, allein einen Elch zu töten; umgekehrt kann der Elch seinem Gegner mit einem gezielten Hufschlag den Schädel zertrümmern. Wölfe gehen besonders während des Sommers, wenn sich viele Rudel vorübergehend in kleinere Gruppen aufgeteilt haben, allein auf die Jagd.

Vollkommen auf sein Opfer konzentriert, stürzt sich dieser Wolf auf eine Maus.

Beim Angriff auf diesen Elch trennen sich einige Wölfe vom Rudel, um das Tier zu umzingeln. In diesem Fall gelang es dem Rudel nicht, den Elch zu töten. Das ist nicht ungewöhnlich, da Wölfe durchschnittlich nur einen Jagderfolg von etwa zehn Prozent haben.

Oben: Wenn es um die Biberjagd geht, sind Wölfe kein bißchen wasserscheu.

Links: Während die Wölfe bei einer „Probejagd" eine Herde Moschusochsen über die Tundra galoppieren lassen, halten sie unter den Tieren nach einem möglichen Opfer Ausschau.

Oben: Normalerweise verzehren Wölfe ihre Beute bis auf die Knochen. Manchmal kehren sie mehrere Wochen lang zu einem gerissenen Beutetier zurück, um auch die letzten Fleischfetzen abzunagen.

Links: Mit wahrem „Wolfshunger" stürzt sich dieses Rudel auf ein frisch gerissenes Reh.

Am Toklut River in Alaska begegnet ein Wolf einer Grizzlymutter mit ihren drei Jungen. Aber vier gegen einen – das sieht nicht so gut aus! (siehe auch die folgenden Seiten)

In dieser Auseinandersetzung behielt der Grizzly die Oberhand, aber da beide Arten einander ebenbürtig sind, hätte diese Begegnung auch anders ausgehen können.

WÖLFE AUF DER JAGD

Oben: Wölfe fressen oft so viel, daß sie einen richtigen „Fleischrausch" bekommen. Vollgefressen und ziemlich benommen, will dieser Wolf jetzt nur noch eins: schlafen!

Rechts: Auch wenn zwischen den einzelnen Mahlzeiten manchmal mehrere Tage liegen können, braucht ein Wolf doch durchschnittlich fünf bis zehn Kilogramm Fleisch pro Tag.

Auf einem von der Sonne erwärmten Felsplateau erholt sich ein Wolfsrudel von den Strapazen der Jagd.

Im Winter kann es schwierig werden, an eine gut zugängliche Wasserstelle zu gelangen. Wölfe müssen viel trinken, besonders wenn sie sich nach erfolgreicher Jagd den Bauch vollgeschlagen haben.

Frisch und ausgeruht brechen zwei Wölfe im Morgennebel zur Jagd auf.

WÖLFE AUF DER JAGD

Oben: Wölfe nehmen sich immer wieder Zeit zum Spielen. Die Spielregeln von „Fang den Raben" sind kinderleicht: der Rabe sitzt still und in Reichweite, der Wolf stürzt sich plötzlich auf ihn, und der Vogel kann im letzten Moment entkommen. Gelingt dies dem Raben nicht, wandert er in den Magen des Gewinners.

Rechts: Wölfe wandern meist im Morgengrauen und in der Abenddämmerung und legen dabei jeden Tag durchschnittlich 15 bis 20 Kilometer zurück.

Wölfe spielen am liebsten mit Artgenossen aus dem eigenen Rudel.

„Na, kleines Spielchen gefällig?" Die Läufe sprungbereit, fordert dieser Wolf in typischer Spielpose einen Rudelgefährten zum Mitmachen auf.

Auch bei diesen beiden Wölfen zeigen die weit geöffneten Augen und seitlich abgespreizten Ohren eine deutliche Bereitschaft zum Spielen an.

WÖLFE AUF DER JAGD

Oben: Mit diesem alten Hirschgeweih werde ich an einem ruhigen Sommermorgen hervorragend spielen können!

Rechts: Auch Wölfe haben ein Recht auf Ruhe und Frieden.

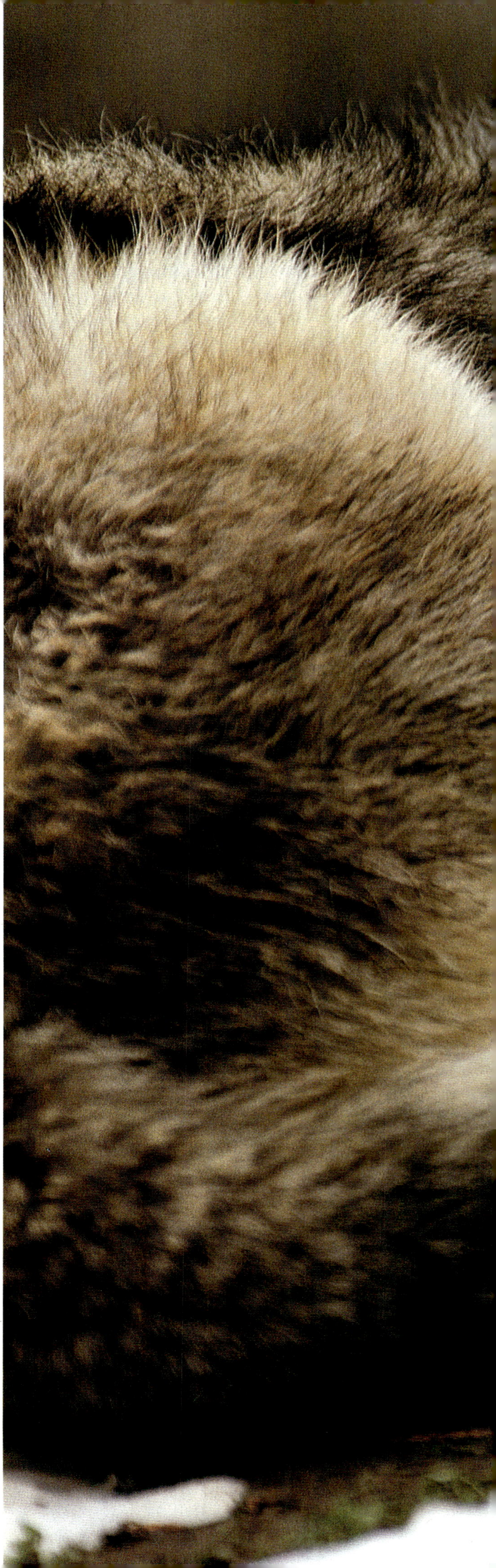

Oben: Von nahem betrachtet, sehen Wölfe ganz anders aus, als wir uns vorgestellt hatten. Intelligenz, Freundlichkeit und Neugierde sind ihre auffallendsten Eigenschaften.

Links: Aus dem feuchten Gras einer Wiese in Denali National Park in Alaska ist ein Wolf aufgetaucht, und seine Schönheit schlägt uns völlig in ihren Bann.

Wölfe sind die letzten Hüter der Wildnis. Wir haben einen Anspruch darauf, daß sie weiterleben können.

LITERATURHINWEISE

Aus der sehr umfangreichen Literatur über Wölfe findet der interessierte Leser an dieser Stelle einige Beispiele. Dabei handelt es sich hauptsächlich um wissenschaftliche Werke, sowohl in deutscher als auch in englischer Sprache.

Bibikow, D. I. *Der Wolf – Canis lupus.* Ziemsen, Wittenberg (1988).

Crisler, L. *Wir heulten mit den Wölfen.* Brockhaus, Wiesbaden (1972).

von Ende, R. *Über Wölfe und Hunde.* Deutscher Landwirtschaftsverlag, Berlin (1982).

Gray, D. R. *The Muskoxen of Polar Bear Pass.* Fitzhenry & Whitside, Toronto (1987).

Henriksen, G. *Hunters in the Barrens – The Naskapi on the Edge of the White Man's World.* St. John's Memorial University of Newfoundland (1973).

Klinghammer, E. (Hrsg.) *The Behaviour and Ecology of Wolves.* Garland STM Press, New York – London (1979).

Lopez, B. H. *Of Wolves and Men.* Charles Scribner's Sons, New York (1978).

Lorenz, K. *So kam der Mensch auf den Hund.* Borotha-Schoeler, Wien (1950).

Mech, L. D. *Der weiße Wolf – Mit einem Wolfsrudel unterwegs in der Arktis.* Frederking & Thaler, München (1990).

Mech, L. D. *The Wolf – The Ecology and Behaviour of an Endangered Species.* Doubleday, New York (1970).

Mowat, F. *Ein Sommer mit den Wölfen.* Engelbert, Balve (1971).

Murie, A. *The Wolves of Mount McKinley.* Fauna of the National Parks of the United States, Fauna Series 5, Washington D.C. (1944).

Zimen, E. *Der Wolf – Verhalten, Ökologie und Mythos.* Knesebeck & Schuler, München (1990).

Zimen, E. *Wölfe und Königspudel – Vergleichende Verhaltensbeobachtungen.* Piper, München (1971).

BILDNACHWEIS

Erwin u. Peggy Bauer: S. 68/69, 120/121, 150 l., 153
Jim Brandenburg: Schutzumschlag (vorn), S. 32/33, 36/37, 38/39, 50/51, 70, 92 l., 94/95, 122/123, 126, 127, 144/145
Canadian Museum of Civilization: S. 21
Alan D. Carey: S. 3, 40/41, 140/141
Michael Ederegger / DRK Photo: S. 153 r.
Heather Parr Fentress: Schutzumschlag (Rückseite), S. 10, 154/155
Harold V. Green: S. 48
Tom W. Hall: S. 47 u., 90 u.
Fred H. Harrington: S. 49 r., 78, 92/93, 96
Suzanne Henry, Prince Albert National Park: S. 34/35
David Hiser / Photographers Aspen: S. 143
Karen Hollett: S. 47 r., 75 u., 79 r., 86
Stephen Homer / First Light: S. 46
Johnny Johnson / DRK Photo: S. 118/119
Layne Kennedy: S. 72, 81 r.
Thomas Kitchin: S. 134 l., 138, 149 r., 151
Stephen J. Krasemann: S. 30/31

Wayne Lankinen: S. 66
Tom und Pat Leeson: S. 42/43
Thomas D. Mangelsen / Images of Nature: S. 130/131, 132/133
Peter J. McLeod: S. 34 l., 37 r., 71 r., 73 r., 76, 77, 79 u., 80 u., 82 u., 84/85, 87 r., 88, 89, 100, 101, 102/103, 104/105, 112, 113, 114, 128, 135, 139 r., 142 l., 148
Allan Morgan, DRK Photo: S. 44/45
National Museum of American Art, Smithsonian Institution: S. 23
Northwest Wildlife Preservation Society, Vancouver, B.C.: Karten S. 18/19, 28/29
Rolf O. Peterson: S. 80/81, 82/83, 116/117, 124/125, 136/137
Dennis W. Schmidt: S. 67 r., 115 r.
Esther Schmidt: S. 90/91
Scot Stewart: S. 74 l., 74/75, 93 u., 97 r., 146/147
Kennan Ward, DRK Photo: S. 42 l.
Art Wolfe: S. 14/15, 31 r., 50 u., 63, 64/65, 91 r., 98/99, 129 r.